György Dalos

Die Neuordnung Europas nach dem Ersten Weltkrieg

Die Friedensverträge 1919–1923

Titelbild: Unterzeichnung des Friedensvertrags in Versailles. Gemälde von William Orpen (1919). Öl auf Leinwand, 152,4 cm x 127 cm. Wikimedia Commons.

György Dalos ist ein ungarischer Schriftsteller und Historiker. Von 1962 bis 1967 studierte Dalos Geschichte an der Lomonossow-Universität Moskau und arbeitete anschließend als Museologe in Budapest. 1964 erschien sein erster Gedichtband. 1977 gehörte er zu den Mitbegründern der demokratischen Oppositionsbewegung in Ungarn. 1984 war er Gast des Berliner Künstlerprogramms des DAAD und wurde Mitarbeiter der Forschungsstelle Osteuropa der Universität Bremen. 1988/1989 gehörte er zur Redaktion der ostdeutschen Untergrundzeitschrift Ostkreuz. Von 1995 bis 1999 war er Leiter des „Hauses Ungarn" in Berlin und 1999 Koordinator des Themenschwerpunktes „Ungarn" der Frankfurter Buchmesse. Dalos war bis Ende 2011 Mitherausgeber der deutschen Wochenzeitung Freitag. Seine Bücher erschienen übersetzt in England, Frankreich, Dänemark, Schweden, Japan, Türkei, Portugal, Russland, Australien, Israel, den USA und den Niederlanden. Er lebt als freier Autor in Berlin.

Deutsche Bearbeitung von Elsbeth Zylla.

Der Autor bedankt sich beim Bundeskanzleramt Österreich, Sektion II, Kunst und Kultur, für die Förderung dieses Projekts.

Landeszentrale für politische Bildung Thüringen
Regierungsstraße 73, 99084 Erfurt
www.lzt-thueringen.de

ISBN: 978-3-948643-05-8

Inhaltsverzeichnis

Suche nach Frieden im Krieg

An der grundlegenden Konfrontation vor dem Ausbruch des Ersten Weltkriegs waren auf der einen Seite die beiden westeuropäischen Mächte Frankreich und Großbritannien beteiligt, an deren 1904 gegründete Entente cordiale sich 1907 das zaristische Russland anschloss und damit die Triple Entente, kurz: Entente, ins Leben rief. Auf der anderen Seite brachte sich der sogenannte Dreibund in Position, eine auch als „Mittelmächte" bezeichnete, seit 1882 bestehende Koalition zwischen dem Deutschen Reich, der österreich-ungarischen Monarchie und dem Königreich Italien. Beide Militärblöcke definierten sich ausdrücklich als friedfertig. Allerdings wiesen sie nicht nur Systemunterschiede der einzelnen Staaten auf, sondern verfolgten jeweils auch eigene, manchmal spezielle Interessen. So agierten Großbritannien und Frankreich auf dem afrikanischen Kontinent in enger Verbundenheit, waren aber gelegentlich Konkurrenten. Auch der Dreibund erwies sich keineswegs als Hort ewiger Freundschaft. So ergab es sich, dass die beteiligten Staaten 1912 den dreißig Jahre alten Vertrag nicht wieder verlängerten, wie sie es bis dahin alle fünf Jahre praktiziert hatten: Italien trachtete danach, die Beziehungen zur Entente nicht weiter zu verschlechtern.

Die Mehrheit der europäischen Staaten gehörte keinem der beiden Bündnisse an. Manche von ihnen, wie etwa Belgien, die Niederlande, Schweden, Italien und Rumänien, erklärten sich ausdrücklich für neutral. Im Falle Belgiens jedoch diente ausgerechnet die deutsche Besetzung am 4. August 1914 und die dadurch verletzte Neutralität des kleinen Königreichs als Grund für Großbritanniens Kriegserklärung an das Deutsche Reich. Einige Länder auf dem Balkan und im ägäischen Raum waren mit ihren lokalen Konflikten beschäftigt. Völlig

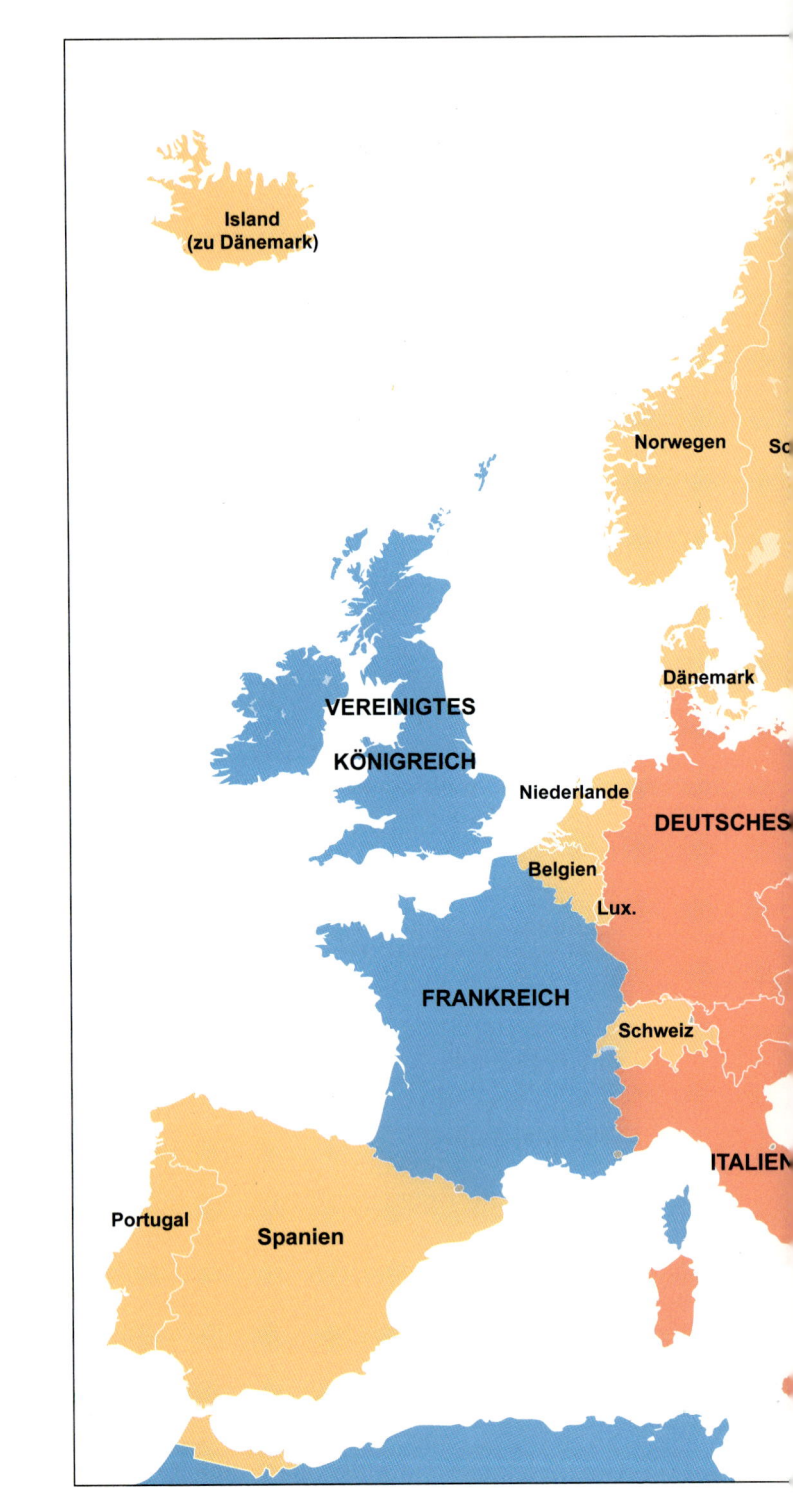

Die Bündnisse
in Europa vor dem
Ersten Weltkrieg.

- Dreibund
- Triple Entante
- Neutrale

Finnland

den

RUSSLAND

CH

ÖSTERREICH-UNGARN

Rumänien

Serbien

Bulgarien

Montenegro

Albanien

Osmanisches Reich

Griechenland

außerhalb der genannten Konstellationen befanden sich zunächst bedeutende weltpolitische Mächte wie Japan und die Vereinigten Staaten von Amerika.

Als das österreich-ungarische Ultimatum gegen Serbien die Kettenreaktion des Weltkrieges auslöste, erlebte die internationale Öffentlichkeit mancherlei Überraschungen. So erklärte Japan am 23. August 1914 den Mittelmächten auf Seiten der Entente den Krieg und befand sich damit unvermittelt im selben Lager wie sein ehemaliger Todfeind Russland. Das Zarenreich wiederum befand sich ab dem 2. November 1914 im Kriegszustand mit dem Osmanischen Reich und konnte für diese Idee auch Großbritannien und Frankreich gewinnen – ausgerechnet die Länder, die seinerzeit im Krimkrieg (1853–1856) gemeinsam mit Konstantinopel gegen St. Petersburg Partei ergriffen hatten. Ein halbes Jahr später kündigte Italien nicht nur seine selbst auferlegte Neutralität auf, sondern wechselte aufgrund eines in London unterzeichneten Geheimabkommens offen auf die Seite der Entente und eröffnete damit neben der westlichen und östlichen eine südliche Front – sehr zur Verbitterung der Mittelmächte, vor allem der geschwächten österreich-ungarischen Monarchie. Als bescheidener Trost für Berlin und Wien erwies sich Bulgariens Kriegserklärung an die Westalliierten im November 1915, die der Zar aller Reußen, Nikolaj II., in einem speziellen Manifest als „Verrat an der slawischen Sache" brandmarkte. Die Position der Entente hingegen wurde gestärkt durch Rumäniens Kehrtwendung im August 1916, als der neue König Ferdinand mit der Neutralität seines Vorgängers Carol brach und einen Angriff gegen die österreich-ungarische Monarchie in Siebenbürgen startete. Schließlich entschied sich im Juli 1917 Griechenland nach langem Zögern ebenfalls für die Seite der Entente.

All diese Frontwechsel brachten kaum militärische Vorteile. Weder die italienische noch die bulgarische, rumänische oder griechische Armee zeichnete sich durch besondere Kampffähigkeit, ein entsprechendes Waffenarsenal und ein sicheres Hinterland aus. Ihre Rolle bestand eher darin, Kräfte der Gegner zu binden. Italiens Kehrtwendung zwang die Doppelmonarchie dazu, Divisionen in Bewegung zu setzen, die eigentlich in Galizien oder in den Karpaten dringender benötigt wurden. Ebenso brachte Bukarests Einstieg in die Kriegshandlungen das Deutsche Reich dazu, die Heeresgruppe Mackensen in der bedrohten Region Siebenbürgen einzusetzen und damit die Lage der kaiserlichen und königlichen (k. u. k.) Monarchie zu erleichtern.

Die Änderungen des Kriegsglücks, Offensiven und Gegenoffensiven, der Einsatz neuer Techniken wie Giftgas, Panzer, Maschinengewehr, Flammenwerfer und Fliegerbomben sowie das System des Grabenkampfes sind sowohl in der Fachliteratur als auch in berühmten Kriegsromanen (Barbusse: „Das Feuer", Remarque: „Im Westen nichts Neues") detailliert geschildert worden. So erscheint es an dieser Stelle wichtig, das Paradoxe der Geschehnisse darzustellen. Die imperialistischen Mächte des Kontinents hatten durch ihren Rüstungswettlauf seit Jahren den Krieg mit vorbereitet und strategisch exakt geplant. Doch waren sie selbst vom Ausmaß der Zerstörung menschlichen Lebens und materieller Werte, mehr aber noch von der Länge des Krieges überrascht – trotz anfänglicher erfolgreicher Vorstöße in Feindesland: das deutsche Heer schaffte es im September 1914 bis fünfzig Kilometer vor Paris, das russische stand zur gleichen Zeit auf deutschem Staatsgebiet, und die Einnahme Belgrads durch die k. u. k. Armee erschien zunächst wie ein Kinderspiel. Allerdings konnte keine der Allianzen einen entscheidenden Durchbruch erringen. Mit der Zeit ging an allen Frontabschnitten die Gegenüberstellung in einen militärisch nutzlosen, zudem für die Soldaten tödlichen und nervenaufreibenden, ausweglosen Stellungskrieg über. Im Hinterland zeigten sich sehr bald die verheerenden politischen und sozialen Folgen der Kämpfe: wachsende Armut der von den Männern verlassenen Familien, Hungersnöte, das Bild der Kriegskrüppel und Bettler in den Großstädten und nicht zuletzt die horrende, nicht mehr geheim zu haltende Zahl der Gefallenen und Gefangenen. Die ursprüngliche

Kriegsbegeisterung mit ihrem künstlich aufgepeitschten Nationalismus, der bedingungslose Glaube an den raschen Sieg verflüchtigte sich schnell. Was übrigblieb, waren Trauer und eine konturenlose Sehnsucht nach Ruhe, und sei es um jeden Preis. Der ungarische Lyriker Mihály Babits griff in der pazifistischen Hymne „Vor Ostern" die Stimmung in seiner Heimat vom Frühjahr 1916 auf:

O Frieden, Frieden! Frieden!
Dass schon Frieden sei,
dass die Qual vorbei!
Schlafe nun, wer schlafen mag,
und wer lebt, soll leben,
dass dem Helden Ruh, dem Volk
Hoffnung sei gegeben.

(Aus dem Ungarischen von Annemarie Bostroem)

Besorgt um den Frieden waren aber nicht nur Pazifisten – von Kriegsanhängern als „Friedenshetzer" diffamiert – sondern auch Akteure der einander bekämpfenden Staaten. Bereits 1914 und 1915 versuchte Deutschland über neutrale, namentlich dänische und schwedische Vermittler seine Fühler nach Russland auszustrecken. Von einem Abkommen erwartete man eine Verstärkung an der Westfront inklusive der Einnahme von Paris. Das geheime Angebot bezog sich aber ausschließlich auf das Zarenreich. Ein Separatfrieden zwischen Russland und Deutschland wäre jedoch einem Verrat an ihren Bündnispartnern gleichgekommen. St. Petersburg schlug die ohnehin wenig konkrete Offerte Berlins aus. Eine zweite Runde informeller Gespräche zwischen Deutschland und Russland blieb ebenfalls ergebnislos. Zu Beginn des Jahres 1917 ließ ein „neutraler" Diplomat gegenüber dem k. u. k. Außenminister Ottokar Graf Czernin durchblicken, dass Russland unter Umständen bereit sei, mit der Monarchie Frieden zu schließen. Die weitere Kontaktaufnahme knüpfte er an die Bedingung, dass keiner der Koalitionspartner Russlands von dieser Absicht erfahren dürfe. Czernin – so lesen wir jedenfalls in seinen Erinnerungen – soll daraufhin klar gemacht haben, dass eine Einigung nur unter Einbeziehung „der ganzen Mächtegruppe", d.h. Deutschlands und des Osmanischen Reichs, vorstellbar sei.

Gleichzeitig unternahmen wichtige Akteure der Monarchie einen gewagten Versuch, den Knoten im Alleingang zu zerschlagen. Kurz nach dem Tod des österreichisch-ungarischen Kaisers Franz Joseph im Dezember 1916 übernahm der junge Kaiser Karl I. die Verantwortung, dem französischen Präsidenten Poincaré ein direktes Friedensangebot zukommen zu lassen. Für einen wie immer gearteten Frieden stellte er Vergünstigungen in Aussicht wie die Wiederherstellung von Belgiens Souveränität mitsamt all seinen afrikanischen Kolonien, die Überlassung von Konstantinopel an Russland sowie Albaniens Anschluss an Serbien. Das Wichtigste war jedoch die Passage, in der er versicherte, „mit allen Mitteln und allem mir zu Gebote stehendem Einfluss bei meinen Verbündeten bestrebt zu sein, die gerechten französischen Ansprüche in Bezug auf Elsass-Lothringen zu unterstützen". Diese Briefe leitete die französische Regierung an den britischen Regierungschef Lloyd George weiter. Die beiden führenden Entente-Mächte fanden den Vorschlag interessant, aber dennoch führte die Sondierung zu keinem direkten Ergebnis. Weder hatte die k.u.k. Monarchie den Mut, sich für einen eindeutig separaten Verhandlungsprozess einzusetzen, noch wollten die Westalliierten über den Kopf ihres italienischen Verbündeten hinweg Gebietsfragen neu stellen, die nach dem Londoner Geheimabkommen theoretisch als gelöst galten. Außerdem begünstigten die militärischen Rahmenbedingungen gerade zu dieser Zeit keinerlei Teillösungen – sowohl künftige Sieger als auch Verlierer waren mehr denn je verzweifelt und untrennbar aneinander gekettet.

Aufgrund der zunehmenden Schwierigkeiten an allen Fronten, mehr noch wegen der Erschöpfung der finanziellen Ressourcen und der Erhöhung innenpolitischer Spannungen, versuchten sich die Mittelmächte auch an koordinierten diplomatischen Aktionen. Am 12. Dezember 1916 unterbreiteten Deutschland, Österreich-Ungarn, Bulgarien und die Türkei über die US-Botschaften in ihren Hauptstädten der Triple Entente jeweils eine Note mit dem Angebot, „alsbald in Friedensverhandlungen einzutreten", und zwar auf Grundlage von näher nicht benannten „Vorschlägen, die sie zu diesen Verhandlungen mitbringen werden". Um ihre potenziellen Gesprächspartner zu ermuntern, betonten die vier, dass sie ihre Gegner weder „zerschmettern noch vernichten" wollten. Dennoch beendeten sie ihre Note in einem für Friedensbotschaften merkwürdigen Ton: „Wenn trotz dieses Anerbietens zu Frieden und Versöhnung der Kampf fortdauern sollte, so sind die vier verbündeten Mächte entschlossen, ihn bis zum siegreichen Ende zu führen." Kein Wunder, dass die Gegner, nachdem sie im kurz gehaltenen Text nicht einmal eine Anspielung auf mögliche Verhandlungen vorfanden, die Note „eher als Kriegsmanöver" bezeichneten und strikt abwiesen. Die darauffolgenden Tage gaben ihnen Recht: Berlin baute auf Eskalation und erklärte Anfang Januar 1917 den „uneingeschränkten U-Boot-Krieg": Beginnend mit dem 1. Februar würde jedes Wasserfahrzeug vor den englischen Küsten torpediert werden.

Diese Maßnahme sollte die Zulieferung von Rohstoffen, Lebensmitteln und Waffen für Großbritannien blockieren und war nicht ganz neu: Bereits im Mai 1915 hatte die Kaiserliche Marine den britischen Passagierdampfer „Lusitania" versenkt – unter den mehr als Tausend Toten befanden sich auch 128 US-Bürger.

Aufgrund der amerikanischen Proteste gelang es damals der Reichsregierung gegen den Widerstand führender Militärs, den U-Boot-Krieg vorläufig zu suspendieren. Nun aber wurde er wiederaufgenommen und am 31. Januar 1917 offiziell deklariert. Die Drohung, jedes Schiff, ob gegnerisch oder neutral, auf allen als Kriegszone bezeichneten Gewässern ohne Vorwarnung zu versenken, konnte keine maritime Macht wortlos hinnehmen. Norwegen, Schweden, Dänemark,

Die Lusitania, 1907.

die Niederlande, Spanien, aber auch China, Argentinien, Kuba und andere Staaten schickten Protestnoten. Die USA gingen noch einen Schritt weiter: Sie brachen die diplomatischen Beziehungen zu Deutschland ab. Obwohl die Kriegserklärung noch einige Monate auf sich warten ließ und die USA zunächst auch nicht auf eine europäische Expedition vorbereitet waren, hatte die kaiserliche Regierung mit dem U-Boot-Krieg nun den Gegner „gefunden", der letzten Endes die vernichtende Niederlage und den Untergang des Deutschen Reichs besiegelte. All dies geschah, mörderische Ironie der Geschichte, in einem Moment, als das Reich in seinem hoffnungslosen Zwei-Fronten-Kampf plötzlich Licht am Ende des Tunnels erblickte: Ende Februar 1917 brach in St. Petersburg die Revolution aus. Binnen einer Woche wurde durch die Abdankung des Zaren Nikolaj II. die russische Monarchie nach dreihundert Jahren ihres Bestehens gestürzt.

Gewiss kalkulierten die kriegführenden Staaten die innenpolitischen Schwachstellen ihrer Gegner in ihren Strategien mit ein. Das britische Empire hatte Sorgen mit dem rebellischen Irland, die Doppelmonarchie litt an Ungarns Konflikten

Demonstration in Petrograd (heute Sankt Petersburg), 1917.

mit seinen Nationalitäten und in dem durch die beiden Bal-
kankriege angeschlagenen Osmanischen Reich reifte das Zer-
würfnis zwischen der „jungtürkischen" Offizierskaste und der
Dynastie. Sogar in Deutschland musste die Regierung ständig
zwischen der Heeresleitung einerseits und den parlamentari-
schen Einrichtungen sowie der Öffentlichkeit andererseits la-
vieren. Eine allumfassende Krise entfaltete sich jedoch nur
im Zarenreich. Allein die Tatsache, dass der mächtigste Feind
der Mittelmächte außer Gefecht war, wirkte auf Deutschland
ermutigend und war für die völlig ramponierte Doppelmonarchie geradezu lebensrettend.

Ein direkter „Ausbruch" des Friedens war aber von dem Um-
sturz in St. Petersburg kaum zu erwarten. Die von der Staats-
duma eingesetzte Provisorische Regierung hielt an der Wei-
terführung des Waffengangs auf Seiten der Entente fest. Hier
zeigte sich ein der Februarrevolution innewohnender fata-
ler Widerspruch, war doch ihr hauptsächlicher Auslöser die

Kriegsmüdigkeit von Millionen gewesen, die mit den mangelnden Erfolgen und den unermesslichen Opfern an der Front zusammenhing. Daher wäre ein rascher Ausstieg aus der Westallianz elementar im Interesse der zunehmend sozialdemokratisch orientierten „revolutionären Demokratie" gewesen. Der neuen Elite fehlte allerdings diese Einsicht.

In dieser Situation gab es eine Gruppe von Berufsrevolutionären, die fähig war, den in der Bevölkerung weit verbreiteten Wunsch nach Frieden richtig einzuschätzen und in ihre eigenen Zielsetzungen zu integrieren: Die Bolschewiki waren eine relativ kleine Gruppierung der russischen Arbeiterbewegung. Sie lebten wie Hunderte anderer Sozialisten des Zarenreichs mitsamt ihren Familien im schweizerischen Exil. Als sie die Nachricht von der Revolution und der durch die Provisorische Regierung verkündeten allgemeinen politischen Amnestie erhielten, wollten sie möglichst schnell in ihr Heimatland zurückreisen. Die Regierungen der Entente waren allerdings nicht bereit, die Exilrussen bei der Heimkehr zu unterstützen. Rein geografisch führte der kürzeste Weg von Zürich nach St. Petersburg über Deutschland. Die Reise durchs Feindesgebiet traf bei vielen Emigranten auf patriotische Hemmungen. Wladimir Iljitsch Lenin hingegen, der Führer der Bolschewiki, war bereit, das über schweizerische sozialdemokratische Vermittler organisierte Transit-Unternehmen zu akzeptieren und reiste in einem verplombten Eisenbahnwaggon durch Deutschland.

Eines scheint aus heutiger Sicht gesichert: Die an dieser Stelle zuvorkommende Haltung der deutschen Behörden diente mitnichten dem Ziel, in Russland eine mehr als siebzig Jahre andauernde kommunistische Diktatur zu etablieren. Obwohl sie den Transport der bolschewikischen Führungskader in einem verschlossenen Sonderzug als Chefsache betrachteten – sogar Kaiser Wilhelm II. war eingeweiht – zielte ihre Absicht lediglich auf die noch weitergehende Destabilisierung der Lage, von der sie sich eine Kapitulation des Erzfeindes erwarteten. Der Generalquartiermeister Erich Ludendorff, der die Aktion seitens der Obersten Heeresleitung begleitete, gestand in seinen Kriegserinnerungen, den Namen „Lenin" damals zum ersten Mal gehört zu haben. Für den alten Haudegen ging es bei der indirekten Beförderung der Russischen Revolution nur darum, anlässlich der geplanten Frühjahrsoffensive 1918 gegen Frankreich dreißig Divisionen von der Ostfront abziehen zu können. Woher hätte er ahnen sollen, dass sein „Schützling" mit dem unbekannten Namen ein halbes Jahr später Chef einer Regierung sein würde, mit der Deutschland und seine Verbündeten am Verhandlungstisch saßen?

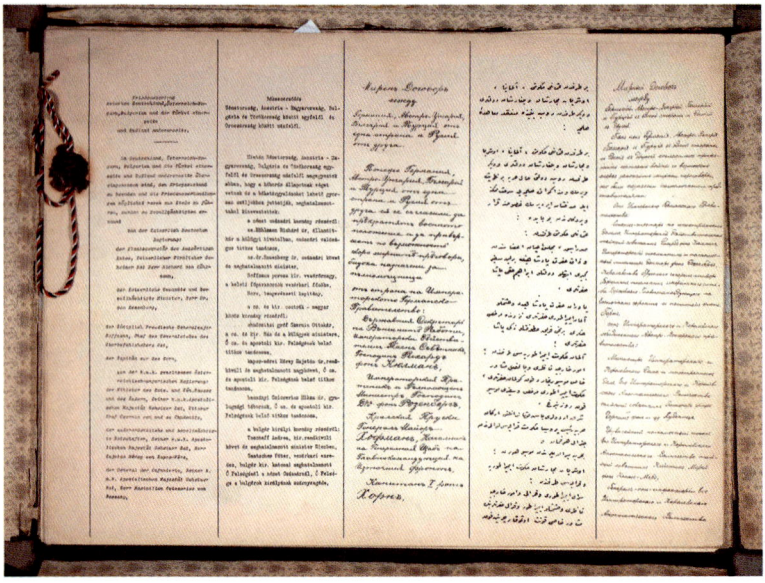

Wikipedia / Politisches Archiv des Auswärtigen Amts

Die ersten zwei Seiten des Vertrags von Brest-Litowsk in den Amtssprachen der Signatarstaaten (von links nach rechts): Deutsch, Ungarisch, Bulgarisch, Osmanisches Türkisch (in arabischer Schrift), Russisch.

Ausstieg in Brest-Litowsk

Unterzeichnung des Waffenstillstandsabkommens in Brest-Litowsk.

Eines der ersten Dokumente der am 25. Oktober 1917, laut gregorianischem Kalender am 7. November, gegründeten Sowjetregierung war das Dekret über den Frieden. Der vom Allrussischen Kongress der Arbeiter-, Bauern- und Soldatenräte einstimmig angenommene und von Lenin unterzeichnete Text plädierte für einen Frieden ohne Annexion und Kontribution unter Berücksichtigung des Prinzips der Selbstbestimmung der Nationen. Dieser Teil des Dekrets gehörte bereits zum Gedankengut der gemäßigten Politiker auf beiden Seiten. Neu hingegen war die Forderung nach Abschaffung der Geheimdiplomatie, ein Appell sowohl an die kriegführenden Mächte als auch an die Völker nicht nur in Europa, sondern auch „in fernen, transozeanischen Ländern". Auch die Perspektive einer „Befreiung der werktätigen und ausgebeuteten Massen von jeder Knechtschaft" wurde in Aussicht gestellt, allerdings ohne Erwähnung des Wortes „Sozialismus" als Zukunftsperspektive. Radikaler und konkreter als diese eher feierlich-deklarativen Sätze klang der Aufruf zu einem sofortigen allgemeinen Waffenstillstand von drei Monaten als Vorbereitungsphase zu Verhandlungen unter Beteiligung „jener Völkerschaften und Nationen, die in den Krieg hineingezogen oder zu einer Beteiligung an demselben gezwungen worden waren."

Obwohl das per Funk verbreitete Dekret an die ganze Welt gerichtet war, zielte die Aufforderung zur Waffenruhe auf Russlands militärischen Hauptgegner Deutschland und dessen Verbündete. Die größte und direkte Bedrohung des zerschlagenen Riesenreichs waren die deutschen Divisionen, die ohne weiteres in der Lage waren, durch eine Offensive das kaum kampffähige russische Heer zu überrollen. Weniger gefährlich war die Doppelmonarchie mit ihrem wirtschaftlich und moralisch angeschlagenen Hinterland sowie das Osmanische Reich, das soeben seine außeranatolischen Territorien unter dem Druck der Entente aufgeben musste und an der Kaukasusfront auch gegenüber dem geschwächten Russland keine Lorbeeren ernten konnte. Komplizierter wurden die Verhandlungen durch die Beteiligung der Ukraine, einer ganz neuen Republik, deren Souveränität noch umstritten war.

Die vom Außenminister Richard von Kühlmann geleitete, in Wirklichkeit aber von General Max Hoffmann dominierte deutsche Delegation benahm sich bei den Verhandlungen in der frontnahen Kleinstadt Brest-Litowsk, als sei nicht Dezember 1917, sondern erst Dezember 1914. Die sowjetischen Delegierten, denen die militärische Schutzlosigkeit ihres Staates bewusst war, versuchten eine endgültige Entscheidung möglichst aufzuschieben, denn sie hofften auf einen baldigen Ausbruch der Revolution in den Staaten der Mittelmächte. Der russische Delegationschef, Außenkommissar Leo Trotzki, verließ sogar in einem kritischen Moment den Verhandlungstisch und fuhr nach Petrograd zurück. Erst nachdem die Deutschen eine Militäroffensive gestartet hatten, zeigten sich die Sowjetrussen bereit, den Vertrag mit den Mittelmächten zu unterzeichnen – eine Kapitulation mit enormen territorialen und wirtschaftlichen Verlusten und Reparationszahlungen. Ein „schäbiger Frieden" nannte ihn Lenin, der die Zustimmung trotzdem und sogar gegen den Widerstand führender Bolschewiki befürwortete. Es ging darum, der neuen „proletarischen Diktatur" eine Atempause zu ermöglichen, bevor der innerrussische Kampf, der Bürgerkrieg, ausbrach, der viel mehr Menschenopfer fordern sollte als die Kriegsbeteiligung des Zarenreichs. Aber auch die Mittelmächte brauchten eine Atempause und schlossen deshalb am Rande der großen Verhandlung einen kleinen Vertrag mit der Ukraine, den sogenannten „Brotfrieden" vom 9. Februar 1918. Dabei handelte es sich um ein beinahe korrektes Geschäft: Gebietszugeständnisse an die Ukraine gegen sofortige Getreidelieferungen aus der Kornkammer Europas.

Das Einzigartige an dem Gespräch in Brest-Litowsk war, dass hier zwei Welten zusammenprallten: Auf der einen Seite des langen Tisches Politiker, Diplomaten, Aristokraten und Militärs, auf der anderen Seite Berufsrevolutionäre. Dieser Unterschied wurde von beiden Seiten wahrgenommen, wenn auch nicht ganz adäquat reflektiert. So betrachtete der k. u. k. Außenminister Ottokar Graf Czernin die Bolschewiken als „fast durchweg Juden mit ganz phantastischen Ideen". Selbst in seinen anerkennenden Worten war die antisemitische Grundeinstellung gut erkennbar: „Trotzki ist zweifellos ein interessanter, gescheiter Mensch und sehr gefährlicher Gegner. Er hat eine ganz hervorragende Rednergabe, eine Schnelligkeit und Geschicklichkeit der Replik, wie ich sie noch selten gesehen habe, und dabei die ganze Frechheit, die seiner Rasse entspricht." Trotzki wiederum ließ kein gutes Haar an seinen österreichischen und deutschen Partnern: „Mit dieser Menschensorte traf ich mich zum ersten Mal von Angesicht zu

Angesicht. Ich muss nicht betonen, dass ich auch früher keine Illusionen über sie gepflegt habe. (...) Aber, ehrlich gesagt, habe ich mir ihr Niveau höher vorgestellt." Allein der General Max Hoffmann imponierte ihm, weil dieser Russisch sprach, diplomatische Schläue verachtete und „seine Soldatenstiefel offen auf den Verhandlungstisch legte".

Bundesarchiv Bild 183-R15053

Der Seekrieg 1917. Das Unterseeboot „U-35" torpediert im Mittelmeer den bewaffneten britischen Dampfer „Maplewood".

Eintritt der USA in den Krieg

Lenins und Trotzkis Verzögerungstaktik hing mit der Hoffnung zusammen, das Proletariat vor allem in den Ländern der Mittelmächte, aber möglicherweise sogar überall, würde dem russischen Vorbild folgen. Auch das Dekret über den Frieden enthielt die oben genannte vage Anspielung in dieser Richtung. Die Fata Morgana einer siegreichen Weltrevolution blieb noch jahrelang eine Verheißung für die bolschewistische Führung. Doch der erwartete propagandistische Effekt stellte sich nicht ein: Nach viereinhalb Jahren Gemetzel wollten die Völker keinen Tropfen Blut mehr opfern, auch nicht für noch so edle Ideale. Dennoch wurde die im Palais Smolnyj angenommene Deklaration ihrem Friedensziel gerecht. Der Vertrag von Brest-Litowsk erwies sich als ungeheurer moralischer Erfolg der Bolschewiki, ein Beweis dafür, dass Frieden möglich war – und „möglich" hieß gleichzeitig notwendig und dringend erforderlich. Man brauchte nun jemanden, im Vollbesitz der Autorität seines Staates, der dazu fähig war, die Erwartungen von Millionen Leidtragenden in die bürgerliche Sprache der Diplomatie zu übersetzen. Dieser Mann war Woodrow Wilson, Professor der Philosophie und Ökonomie, der 1913 als Kandidat der Demokratischen Partei zum Präsidenten der Vereinigten Staaten gewählt worden war.

Nach dem Ausbruch des Ersten Weltkriegs hatte Washington seine Neutralität erklärt, eine Haltung, die der klassischen Isolationspolitik der Vereinigten Staaten entsprach. Auch während der Kampagne zu seiner Wiederwahl im November 1916 hielt Wilson am Prinzip der Nichteinmischung in europäische Angelegenheiten fest. Dabei wusste man, dass sich die Sympathien großer Teile der amerikanischen Öffentlichkeit auf die Entente, vor allem auf Großbritannien richteten und dass die USA der Westallianz taktvoll mit recht großzügigen Krediten und Waren, gelegentlich auch mit Waffenlieferungen unter die Arme griffen. Außerdem verfügte der Präsident als Kandidat der Demokraten nur über eine knappe Mehrheit. Allein schon aus innenpolitischen Gründen musste er ein Engagement zugunsten der Entente befürworten. Für diese Haltung sprach nicht zuletzt die seit 1915 praktizierte deutsche Blockade gegenüber den Briten, der auch zahlreiche amerikanische Reisende zum Opfer fielen.

Dennoch versuchte Wilson zunächst in seiner Vermittlerrolle auszuharren. Vielleicht schielte er auf das Beispiel seines Vorgängers Theodore Roosevelt, der seinerzeit, im September 1905, zwischen Russland und Japan den Vertrag von Portsmouth arrangiert hatte. Dabei handelte es sich um einen beidseitig akzeptierten „Verständigungsfrieden" ohne nennenswerte Annexionen und Reparationen. Die Öffentlichkeit jubelte und Roosevelt erhielt 1906 den Friedensnobelpreis. Diesmal aber ging es nicht mehr um eine relativ simple Auseinandersetzung von zwei geografisch weit von den USA entfernten Kaiserreichen, sondern darum, in einem Konflikt, der die ganze moderne Welt erschütterte, als Friedensretter aufzutreten. Wie konnte Wilson dieser Rolle widerstehen, insbesondere im Hinblick auf eine damals noch mögliche dritte Amtszeit? Nach einer ersten missglückten Note an die kriegführenden Staaten im Dezember 1916 dachte er weiter über sein Projekt nach. Indessen setzte Deutschland den uneingeschränkten U-Boot-Krieg fort und provozierte damit zunächst den Abbruch der diplomatischen Beziehungen seitens der USA, der schließlich im April 1917 zur Kriegserklärung an das Deutsche Reich führte.

Offensichtlich inspiriert von dem russischen Friedensdekret und der rasch darauf folgenden Waffenpause trat der Präsident am 8. Januar 1918 mit einer Rede vor beide Häuser des US-Kongresses, deren Kern sein als „14 Punkte" berühmt gewordenes Versöhnungsprogramm war. Es war weit konkreter als das sowjetrussische und vor allem nach Ländern spezifiziert:

Der amerikanische Präsident Woodrow Wilson bittet den Kongress der Vereinigten Staaten um die Kriegserklärung an das Deutsche Reich, 2. April 1917.

Die besetzten Gebiete von Belgien, Frankreich, Rumänien, Serbien, Montenegro, sogar des bereits bolschewistisch beherrschten Russlands sollten von den nicht direkt benannten Gegnern geräumt werden. Für Italien räumte Wilson die „Berechtigung" ein, seine Grenzen nach ethnischen Kriterien zu gestalten. Das Osmanische Reich wollte er auf die türkischen Landesteile reduzieren, wobei die Dardanellen für Handelsschiffe aller Nationen offen sein sollten. Außerdem plädierte er für die Wiederherstellung eines polnischen Staates, der „die unbestritten polnisch bewohnten Gebiete einschließen" sollte, mit „freiem und sicherem Zugang zum Meere". Dieses Privileg wurde übrigens auch für Serbien in Aussicht gestellt. Koloniale Rivalitäten wollte man „unparteiisch schlichten" unter Berücksichtigung „der Interessen der betroffenen

Bevölkerung" – respektive der kolonisierten Völker, die man jedoch in keinem Fall einer eigenen Staatlichkeit für würdig befand.

Ein besonderer Artikel bezog sich auf „die Völker Österreich-Ungarns", deren Platz, so Wilson, „wir unter den Völkern sichergestellt und gesichert zu sehen wünschen" und denen die „freieste Gelegenheit zur autonomen Entwicklung gewährt werden" sollte. Ungeklärt blieb dabei die Erwägung, dass auf Grundlage dieser „freiesten Gelegenheit" aus der Doppelmonarchie andere souveräne Staaten und sogar Konföderationen entstehen könnten. Gefordert wurde eine Einschränkung der „nationalen Bewaffnung auf das niedrigste mit der inneren Sicherheit zu vereinbarende Maß" – das hieß allgemeine Abrüstung. Ganz neu war der in Artikel XIV geäußerte Wunsch, „eine allgemeine Gesellschaft von Nationen" zu bilden. Dabei handelte es sich um den späteren „Völkerbund", Vorläufer der heutigen Vereinten Nationen. Diese Organisation war das einzig Bleibende in Wilsons Werk. Dafür erhielt er 1919 als zweiter amerikanischer Präsident den Friedensnobelpreis.

Die größte Leerstelle in den 14 Punkten bildete Russland. Formal gesehen gehörte es zu den Siegermächten. Indessen brach jedoch nach der gewaltsamen Auflösung der Verfassunggebenden Versammlung durch die Bolschewiki im Januar 1918 ein Bürgerkrieg aus und das Riesenreich befand sich im Zerfall. Lenins Zuständigkeit erstreckte sich lediglich auf St. Petersburg und später auf das zur Hauptstadt erklärte Moskau, während die östlichen Gebiete heftig umkämpft waren. Einige Regionen des ehemaligen Zarenreichs deklarierten ihre Trennung von Russland. Wer nun „Russland" überhaupt vertreten sollte, blieb zunächst unentschieden.

Der italienische Ministerpräsident Francesco Nitti, der als Vertreter seines Landes an der Vorbereitung des Friedensvertrags beteiligt war, bedauerte im Nachhinein die Entscheidung der Entente, auf Frankreichs Wunsch Paris zum Ort der Verhandlungen bestimmt zu haben – eine Stadt, „wo alles Hass und Rachsucht atmete, da sie noch vor einigen Monaten unter

Beschuss deutscher Kanonen stand und über ihr deutsche Flugzeuge kreisten." In der Tat hatte sich seinerzeit Wien im Jahre 1815 als besserer Standort für die Versöhnung der Nationen erwiesen – hier wurde fast ein Jahr lang nicht nur verhandelt, sondern auch musiziert und getanzt. Der grundsätzliche Unterschied zwischen dem Wiener Kongress und der Pariser Konferenz lag jedoch nicht in der Wahl des Standortes, sondern darin, dass die Diplomatie des österreichischen Außenministers Metternich damals Sieger und Verlierer als gleichrangige Teilnehmer zusammengeführt hatte. In der französischen Hauptstadt hingegen konferierten von Januar bis Mai 1919 nur die Sieger. Die Besiegten blieben bis zuletzt ausgegrenzt. Eine Einladung nach Paris erhielten sie erst in dem Moment, als ihnen die fertig verhandelten Friedensvorschläge ultimativ ausgehändigt werden sollten. Dies geschah auch nicht mitten in der Lichterstadt, sondern zumeist in deren Vororten, wo die Delegationen ihre Gasthöfe zugewiesen bekamen – am Anfang sogar verbunden mit einem strikten Verbot, das Stadtzentrum zu betreten.

Matthias Erzberger (Mitte) als Mitglied der deutschen Waffenstillstands-
kommission mit General von Hammerstein und Unterstaatssekretär
Langwerth von Simmern 1918 in Spa.

Der Wald von Compiégne

Als der 43-jährige Matthias Erzberger, Staatssekretär ohne Portefeuille und führende Gestalt der katholischen Zentrumspartei, im November 1918 den Auftrag erhielt, die Leitung der deutschen Delegation bei den Verhandlungen zum Waffenstillstand zu übernehmen, geschah dies wirklich in letzter Minute. Dabei war das Deutsche Reich noch von keinem direkten Angriff der Westalliierten bedroht. Vielmehr standen deutsche Divisionen auf französischem und belgischem Boden. Selbst das Große Hauptquartier der Obersten Heeresleitung befand sich seit März desselben Jahres im Hotel Britannique der belgischen Bäderstadt Spa, 35 Kilometer von der Landesgrenze entfernt. Dort hatte man damals Großes vor: Mit einer letzten Offensive sollten die Entente-Armeen an der Westfront geschlagen werden, bevor die USA ihre militärische Präsenz auf dem Kontinent voll entfalten konnten. Allerdings führten trotz anfänglicher Erfolge weder der erste noch die darauffolgenden vier Großangriffe zum ersehnten Ziel und schwächten letzten Endes die Verteidigungsfähigkeit des Heeres auf der ganzen Frontlinie. Unter diesen Bedingungen sahen sich selbst führende Militärs wie Ludendorff und Hindenburg immer mehr genötigt in Abkehr von ihrem früher lauthals verkündeten „Siegfrieden", einen „Verständigungsfrieden" zu akzeptieren.

Zu diesem Zweck ernannte der Kaiser mit Prinz Max von Baden einen neuen Reichskanzler, der im Sinne einer „Parlamentarisierung" der deutschen Politik auch Vertreter der Sozialdemokraten ins Kabinett aufnahm. Als weiteres Zeichen seiner friedlichen Absichten ließ Wilhelm II. auch General Ludendorff ablösen, ohne die Position von Generalfeldmarschall Hindenburg anzutasten, der die Oberste Heeresleitung innehatte. Die Regierung wandte sich nun in mehreren Noten an den US-Präsidenten und bat um Vermittlung. Dieser ließ in seiner Antwortnote vom 5. November ausrichten, dass die Entente und die Vereinigten Staaten den französischen Marschall Ferdinand Foch mit der Führung eventueller Verhandlungen beauftragt hätten. Damit war Erzbergers Stunde gekommen. Der Zentrumspolitiker, der anfänglich die Kampfhandlungen des Reichs als Propagandist des Auswärtigen Amts unterstützt hatte, änderte unter dem Eindruck des „verschärften U-Boot-Krieges" seine Ansichten radikal und wollte zum Friedensstifter werden.

Unter solch tragischen Vorzeichen brach am 6. November 1919 Erzberger in Begleitung des Generals von Winterfeldt, des Kapitäns Vanselow, eines Dolmetschers und eines Stenographen von Spa aus auf. Die Delegation überquerte die Frontlinie in fünf Automobilen mit weißen Fahnen. Bald erreichten sie das Dorf La Capelle: „Die Straßen-Bezeichnung war noch deutsch", lesen wir in Erzbergers Memoiren, „in großen Lettern prangte an einem stattlichen Gebäude die Aufschrift: ‚Kaiserliche Stadtkommandantur' (...), darüber wehte die Trikolore". Sie stiegen in andere Autos um, die nun von den Alliierten chauffiert wurden, und fuhren weiter durch das zerstörte Land: „Kein einziges Haus stand mehr, eine Ruine reihte sich an die andere. Beim Mondschein ragten die Überreste gespensterhaft in die Luft; kein Lebewesen zeigte sich." Von dem ebenfalls zerstörten Bahnhof Tergnier aus fuhr die Kolonne weiter in den Wald von Compiégne, wo am Vormittag des 8. Novembers ein Zug mit Salonwagen und Lokomotive auf sie wartete. Darin warteten bereits die Vertreter der französischen und britischen Streitkräfte. Marschall Foch kam etwas später und stellte den Deutschen kühl die höfliche Frage: „Was führt die Herren hierher?"

In der Tat: Was führte die Herren am Ende des fünften Jahres des Weltenbrands in den Wald von Compiégne? Das war bei weitem nicht nur die aktuelle strategische Lage an der Westfront. Einer der wichtigsten Gründe lag in dem Kollaps an anderen Fronten, der bereits einen Dominoeffekt ausgelöst hatte:

Am 29. September hatte Bulgarien, ohne davor die Verbündeten zu konsultieren, den Waffenstillstand von Saloniki unterzeichnet – de facto eine bedingungslose Kapitulation. Am 30. Oktober legte das Osmanische Reich im Hafen der griechischen Insel Moudros, namentlich auf dem britischen Kreuzer Agamemnon, die Waffen nieder. Am 3. November stimmten die Mitglieder der österreichisch-ungarischen Delegation den Waffenstillstand von Padua in der Villa Giusti zu. Auf die Einzelheiten der drei Vereinbarungen kommen wir noch zurück. Hier sei nur angemerkt, dass sowohl das Osmanische Reich als auch die Doppelmonarchie zu diesem Zeitpunkt in ihren geografischen Grenzen nicht mehr existierten – Ungarn war bereits aus der Union ausgeschieden. Gleichzeitig agierten in den nördlichen und südlichen Ländern Österreich-Ungarns, von den Westalliierten unterstützt, Nationalräte, die mit dem Aufbau neuer Staatlichkeiten beschäftigt waren. Demgemäß konnte man Anfang November 1918 von einer Allianz namens „Mittelmächte" kaum noch reden: Deutschland hatte keine Verbündeten mehr. Hinzu kam die akute Revolutionsgefahr, die sich bereits Ende Oktober in Meutereien der Kieler Matrosen zeigte.

Historiker sind bis heute mit der Frage beschäftigt, warum gerade Matthias Erzberger zum Delegationsleiter erkoren worden war. Zu den einfachen Erklärungen gehört die Feststellung, dass der Zentrumspolitiker kein Preuße war, sondern Schwabe, kein Mann der Soldateska, sondern Zivilist, und zudem gläubiger Katholik wie Marschall Foch, sein Gegenüber am Verhandlungstisch, was einen Vertrauenseffekt bei den Gegnern bewirken sollte. Allerdings spielten diese Faktoren für die Atmosphäre und den Grundton der Gespräche so gut wie keine sichtbare Rolle. Überzeugender erscheint die andere Interpretation, nach der die Militärs auf keinen Fall bereit gewesen wären, sich mit der Unterzeichnung einer Urkunde zu „beflecken", die eine eindeutige Niederlage dokumentierte. Diesen Schwarzen Peter schoben sie lieber einem Politiker zu. Vielleicht war das aus ihrer Perspektive völlig normal, und vielleicht meinte es der Generalfeldmarschall von Hindenburg sogar ehrlich in Spa mit seinen Abschiedsworten an Erzberger: „Reisen Sie mit Gott und suchen Sie das Beste für unser Vaterland herauszuholen." Aber im Ergebnis übernahm Erzberger mit seiner Reise eine übermäßige Verantwortung, die ihm schließlich zum Verhängnis werden sollte.

Die von Marschall Foch vorgetragenen Bedingungen, von der deutschen Seite innerhalb von 72 Stunden zu akzeptieren oder abzulehnen, enthielten zunächst Selbstverständlichkeiten wie die Räumung von Belgien, Frankreich und Luxemburg, bei denen man höchstens noch über die Frist verhandeln konnte, da der Truppenabzug schon binnen fünfzehn Tagen erfolgen sollte. Die Räumung von Elsass-Lothringen hingegen wäre angesichts seiner vorwiegend deutschsprachigen Bevölkerung annexionsverdächtig gewesen. Eindeutig problematisch, weil technisch schwer durchführbar, erschien die Rückführung der mehr als einer Million deutscher Frontsoldaten sowie die prompte Auslieferung des gesamten vor Ort befindlichen deutschen Kriegsmaterials binnen 31 Tagen: 5000 Kanonen, 25.000 Maschinengewehre, 3000 Minenwerfer, 1700 Flugzeuge, 5000 Lokomotiven, 150.000 Eisenbahnwaggons in gutem Zustand mit allen Ersatzteilen, außerdem 5000 Lastkraftwagen innerhalb von 36 Tagen. Weitaus schmerzlicher waren jedoch die direkten Gebietsverluste, so die Besetzung des linken Rheinufers und die Bildung einer neutralen Zone von 10 Kilometern am rechten Rheinufer binnen 31 Tagen.

Die Alliierten sollten außerdem freien Zugang zu den besetzten und selbstverständlich ebenfalls zu räumenden Ostgebieten erhalten – eine Vorbereitungsmaßnahme zur Schaffung eines unabhängigen polnischen Staates. Außerdem sollten die deutschen Truppen aus den früheren Kolonien in Ostafrika abgezogen werden. Eine Räumung deutscher Häfen setzte die Auslieferung der von Deutschen erbeuteten russischen Kriegsschiffe an die Alliierten voraus. All diese und noch zahlreiche andere Bedingungen sollten im Verlauf von 36 Tagen erfüllt werden. Im Falle der Nichterfüllung sahen die Sieger

Sanktionen vor: eine Ausdehnung der Besetzung auf weitere Gebiete, die Gefangennahme deutscher Soldaten oder gar die Wiederaufnahme der Kriegshandlungen.

Erzberger war nicht naiv und suchte angesichts des äußerst harten Katalogs von Forderungen Rückendeckung in Spa. Hindenburgs Antwort zeigt, dass dem Generalfeldmarschall die Hoffnungslosigkeit der Verhandlungslage bewusst war: „Bei den Bedingungen muss versucht werden, Erleichterungen in folgenden Punkten zu erreichen: Verlängerung der Fristen, keine neutralen Zonen im Rheinland, weniger Waggons, Blockaden, Gefangene. Gelingt Durchsetzung dieser Punkte nicht, so wäre trotzdem abzuschließen." In der Tat erreichte der deutsche Unterhändler einiges. So mussten weniger Lastwagen und Maschinengewehre abgeliefert werden, manche Fristen wurden ausgedehnt und, was besonders wichtig war: Die Alliierten verpflichteten sich, Deutschland während des Waffenstillstands mit Lebensmitteln zu beliefern. Schließlich versah Erzberger bei der Unterzeichnung das Abkommen mit einer Zusatzerklärung, in der er manche Punkte des Vertrags als undurchführbar bezeichnete und in patriotischem Geist betonte: „Ein Volk von siebzig Millionen leidet, aber stirbt nicht", ein zum geflügelten Wort werdender Satz, den Marschall Foch mit einem gelassenen „Trés bien" quittierte. Bei der Rückkehr nach Spa am 12. November gratulierten die Anwesenden, darunter auch Hindenburg, der Delegation zu ihrem relativen Verhandlungserfolg. Alle hatten noch viel Schlimmeres erwartet, und dies zu einem Zeitpunkt, in dem das Regime sich in seiner tiefsten Krise befand. Der Reichskanzler hieß nicht mehr Prinz Max von Baden, sondern Friedrich Ebert. Kaiser Wilhelm II. war bereits ins holländische Exil geflohen – die Monarchie lag in Trümmern.

Erzbergers Waffenstillstand ermöglichte der Obersten Heeresleitung die Rettung des Prestiges der heldenhaften Armee, gewissermaßen „auf dem Felde unbesiegt", die nur wegen Intrigen durch die Schuld von Verrätern gefallen sei, hinterrücks „erdolcht". Diese Lüge wurde von großen Teilen der Bevölkerung geglaubt angesichts der Tatsache, dass während des

Unterzeichnung des Waffenstillstandsabkommens vom 11. November 1918.

Krieges kein Quadratmeter deutschen Bodens vom Feind erobert worden war, eine Besonderheit, der sich aber auch die Doppelmonarchie rühmen konnte: Die großen Schlachtfelder lagen in Frankreich, Italien und auf dem Balkan. Um den Hindenburg-Mythos aufrechtzuerhalten, schuf man die „Dolchstoßlegende" mit weitreichenden Folgen für Deutschlands Zukunft. Man brauchte Sündenböcke für die Niederlage, die man sehr rasch bei den Sozialdemokraten, Pazifisten und Juden fand – und selbstverständlich auch in dem Mann, der aus Hindenburgs und Ludendorffs verlorenem Krieg keinen siegreichen Frieden hatte machen können: Matthias Erzberger. Der jahrelang andauernde Rufmord in rechtsnationalen Zeitungen endete nach mehreren Attentatsversuchen mit seiner tatsächlichen Ermordung. Während eines Spaziergangs bei einem Sommerurlaub in Bad Griesbach wurde Erzberger am 26. August 1921 von zwei Rechtsterroristen der Organisation Consul mit sechs Schüssen getötet.

Deutschland im Wartesaal

Nachdem die Waffen schwiegen, war Trauer das einzige gemeinsame Gefühl der kriegführenden europäischen Nationen Europas, von Kurt Tucholsky besungen und von Hanns Eisler vertont:

Mutter, wozu hast du deinen aufgezogen?
Hast dich zwanzig Jahr mit ihm gequält?
Wozu ist er dir in deine Arm geflogen,
Und du hast ihm leise was erzählt?
Bis sie ihn dir weggenommen haben.
Für den Graben, Mutter, für den Graben.

Dabei beweinte der Dichter nicht nur die deutschen Opfer, sondern gedachte auch an die „drüben" liegenden „französischen Genossen" und „Englands Arbeitsmann". So dachten aber nur sehr wenige jenseits der Massengräber. Außerdem bedeutete die Einstellung des Gefechtsfeuers nach außen mitnichten die Versöhnung nach innen. Besonders in den Staaten der Verlierer schlugen aufgestauter Hass und Frustrationen auf die Gesellschaft zurück und führten zu Umsturzversuchen und bürgerkriegsähnlichen Zuständen. Parallel zu den verlängerten Verhandlungen über den Waffenstillstand Ende 1918 und Anfang 1919 mündeten in Deutschland die seit dem 9. November anhaltenden Unruhen in einem Generalstreik und darauffolgenden Aufstand. Dieser von Linkssozialisten und Kommunisten initiierte Aufruhr zielte darauf, den sozialdemokratisch dominierten Rat der Volksbeauftragten zu stürzen und eine proletarische Diktatur oder Rätemacht in Deutschland zu errichten, noch bevor es zu freien Wahlen und der Eröffnung der verfassunggebenden Weimarer Nationalversammlung kommen konnte, die das bürgerlich-demokratische System legitimieren würde.

Man wollte dem russischen Kursbuch folgen, indem die Revolutionäre durch einen gewaltsamen Machtwechsel dem Parlamentarismus vorbeugten. Allerdings war die Analogie falsch: Im Unterschied zu Alexander Kerenskij und der Provisorischen Regierung verfügten Friedrich Ebert und sein Rat der Volksbeauftragten über die Unterstützung beachtlicher Teile des Bürgertums und der Arbeiterschaft. Anders als die Februarrevolution in Russland, die keinen schnellen Frieden versprach, erzielte die deutsche Novemberrevolution wenigstens eine rasche Waffenruhe, und sei es in der demütigenden Form des Vertrags von Compiégne. Schließlich waren die deutschen Arbeiter- und Soldatenräte keine Sowjets. Selbst die radikalsten Sozialisten waren keine mit allen Wassern gewaschenen Bolschewiki, die militärische Stärke und nüchternes Machtkalkül miteinander verknüpfen konnten. Daran scheiterte auch ihr Versuch, die Unzufriedenheit der Massen in revolutionäre Energie zu verwandeln. Gleichzeitig gelang es sozialdemokratischen Politikern wie Philipp Scheidemann und Gustav Noske, den traurigen Rest des „auf dem Felde niemals besiegten" Heers in die Abrechnung mit der radikalen Linken einzubeziehen. Nach blutigen Straßenkämpfen zur Jahreswende 1918/19 brach der „Spartakusaufstand" zusammen. Andere kurzlebige Staatenbildungen wie die Bremer und Münchner Räterepublik wurden nach demselben Muster zerschlagen – in Kooperation der Mehrheits-Sozialdemokratie, des bürgerlichen Lagers und der Freikorps. Die Revolutionswelle flaute allmählich ab. Dies eröffnete den Weg zur Etablierung der unruhigen Weimarer Demokratie.

Deutschland brauchte nun ebenso dringend seinen Frieden mit den Alliierten, wie seinerzeit das bolschewistische Russland auf den sofortigen Frieden mit Deutschland angewiesen war. Da der Waffenstillstand mit den Franzosen unter Vermittlung der USA durch eine Note des amerikanischen Außenministers Robert Lassing vom 5. November des Vorjahres zustande gekommen war, hoffte man weiterhin auf das große Land jenseits des Ozeans, auf den „Wilson-Frieden", dessen Grundprinzipien die in der Kongressrede vom 8. Januar 1918 vorgetragenen „14 Punkte" waren. Immerhin standen zum Zeitpunkt dieses großzügigen Angebots noch sämtliche Staaten unter Waffen. Selbst optimistische Beobachter seitens der Westalliierten rechneten mit einer Niederlage des deutschen Kaiserreichs nicht vor 1919. In den „14 Punkten" blieb das Deutsche Reich unerwähnt beziehungsweise wurde nur im Artikel VIII mittelbar angesprochen, indem die Wiedergutmachung des „von Preußen im Jahre 1871 hinsichtlich Elsass-Lothringens angetanen Unrechts" gegenüber Frankreich gefordert wurde. Und zwei schwergewichtige Themen tauchten im Dokument nicht einmal als Anspielung auf: das der Reparation und das der Kriegsschuld.

Unabhängig davon, was Wilson oder seine Berater über diese heiklen Fragen dachten, mussten nüchtern denkende deutsche Politiker angesichts der militärischen Niederlage auch die harmlos klingenden Wilson-Punkte anders lesen. Akzeptierte man zum Beispiel Bedingungen wie die Räumung von Elsass-Lothringen zugunsten Frankreichs oder Oberschlesiens zugunsten Polens, so bedeutete dies den Verzicht auf das enorme industrielle Potenzial dieser Gebiete, was allein schon einer umfassenden Kriegsentschädigung gleichkam. Aus geheimdiplomatischen Quellen kamen zudem Informationen an die Reichsregierung, dass sie bei eventuellen Friedensverhandlungen mit einem Betrag zwischen 100 und 269 Milliarden Goldmark als Reparationsforderung der feindlichen Staaten zu rechnen hätte, wobei auf der Hand lag, dass es Deutschland nicht erspart bleiben würde, die Schuld an diesem Krieg auf sich zu nehmen.

Als vorbeugende Maßnahme gründete das Auswärtige Amt am 16. November 1918 eine „Kommission zur Vorbereitung der Friedensverhandlungen" unter dem Vorsitz des Diplomaten Heinrich Graf Bernstorff. Praktisch handelte es sich bei der Kommission um einen Braintrust von mehr als hundert Beratern – Militärs, Ökonomen, Soziologen, Bankiers und Industriellen. In Form von Memoranden erarbeiteten sie Antworten auf eventuelle Fragen des zukünftigen Gegenparts auf einer Friedenskonferenz, die Deutschland politisch, moralisch und vor allem finanziell entlasten sollten. Graf Bernstorff ging davon aus, dass die Chance bestand, sich gegenüber den gnadenlosen französischen und britischen Forderungen möglichst eng an die toleranter erscheinende amerikanische Position anzulehnen. Gewiss rechnete der Beraterstab damit, das Ergebnis seiner Arbeit, sechs Kisten voller Akten, der deutschen Delegation zur Verfügung stellen zu können, an deren Einladung zur Friedenskonferenz er offenbar keinen Zweifel hatte.

Die Sorgen der Sieger

Ob eine Einladung der besiegten Staaten zur Pariser Friedenskonferenz je erwogen worden war, lässt sich mit hundertprozentiger Sicherheit weder feststellen noch ausschließen. Tatsache ist, dass von den 70 Vertretern der 27 Staaten, die an der feierlichen Eröffnung der Verhandlungen am 18. Januar 1919 im Uhrensaal des französischen Innenministeriums beteiligt waren, kein einziger aus einer Hauptstadt der Mittelmächte angereist war. Offenbar wollten die Sieger wenigstens zu Beginn die eigenen Probleme untereinander besprechen und schufen zu diesem Zweck das Organ „Oberster Rat". Das Gremium setzte sich zusammen aus den Gesandten der fünf Hauptalliierten – Frankreich, Großbritannien, Italien, USA und Japan – sowie „alliierter und assoziierter" Staaten, so etwa der Kriegsopfer Serbien und Belgien, und auch anderer Länder, die gerade entstanden, wie Polen und die Tschechoslowakei. Indien durfte nur im Rahmen der britischen Delegation durch von London ausgewählte Repräsentanten aktiv werden. China fiel ebenfalls eine marginale Rolle zu. Die wichtigsten Entscheidungen wurden von den Staats- und Regierungschefs der Großmächte getroffen: von dem französischen Ministerpräsidenten George Clemenceau, der auch zum Vorsitzenden der Konferenz gewählt wurde, dem britischen Premier David Lloyd George, dem US-Präsidenten Woodrow Wilson und dem italienische Regierungschef Vittorio Emanuele Orlando. Alle anwesenden Delegationen waren aufgefordert, ihre Vorschläge und Anträge dem Sekretariat der Konferenz schriftlich einzureichen.

Die starke Hierarchisierung und Begrenzung der mündlichen Auseinandersetzung, die auch als Vereinfachungsmaßnahme betrachtet werden kann, entsprach nicht ganz Wilsons

Von links nach rechts: David Lloyd George, Vittorio Emanuele Orlando, George Clemenceau, Woodrow Wilson.

Ideal einer umfassenden Weltverbesserung und noch weniger den Erwartungen, die der als „Friedensapostel" gerühmte Präsident ausgelöst hatte. In Paris herrschte einiges Getümmel: Außer den offiziellen Delegierten, oftmals mit einem großen Tross von Beamten, Beratern Schreibkräften, Dolmetschern, Ärzten, Krankenschwestern und Journalisten ausgestattet, erschienen in der Metropole auch ungeladene Vertreter zahlreicher Nationen, die sich ihre Selbstbestimmung von der Konferenz erhofften. Kaukasische Politiker, exilrussische Komitees, Vietnamesen (unter ihnen der junge Ho Chi Minh), Koreaner und andere wollten sich Gehör verschaffen – sogar die

Lausitzer Sorben entsandten zwei Landsleute, um ihre Trennung von Deutschland und ihre Autonomie unter der Ägide der Tschechoslowakischen Regierung durchzusetzen. All diese Bittsteller, die zumeist ungehört blieben, hofften auf die legendären 14 Punkte.

Schon zu Kriegszeiten konnte man ahnen, dass die Interessenlagen der Hauptalliierten und ihrer Protegés nicht unbedingt miteinander harmonisierten. Die größte Differenz zeigte sich zwischen den USA und der Entente. Die Vereinigten Staaten waren als kriegführende und siegesentscheidende Macht nicht der Westallianz beigetreten. Gewiss wollte Wilson die Akzeptanz und den Einfluss seines Landes auf dem Kontinent erhöhen. Wichtig waren und blieben für die USA eher „die Freiheit der Schifffahrt auf den Meeren" und die ungestörten Handelsbeziehungen. Sie brauchten keine Kolonien auf fremden Kontinenten und keinen historisierenden Nationalismus, wie dies in der Alten Welt üblich war. Sicher war ihnen Deutschlands Aufstieg nicht egal, aber in den Zeiten vor dem U-Bootkrieg hatte dieses Phänomen Washington keine großen Sorgen bereitet. Den Friedensprozess wollte Wilson gerne befördern, aber sein Ehrgeiz reichte nicht aus, ihn auch zu führen. Offenbar spielte bei dieser Zurückhaltung seine wackelige innenpolitische Lage eine Rolle: Die republikanischen Gegner machten ihm zunehmend zu schaffen. Im März 1919 unterbrach er sogar kurzzeitig den Aufenthalt in Paris, um sein in den USA umstrittenes Lieblingsprojekt „Völkerbund" zu popularisieren – vergebliche Mühe, die ihn viel Energie und den Verlust der Kontrolle über die Pariser Friedenskonferenz kostete.

Die Interessen der Entente-Länder waren unterschiedlich. Ebenfalls wichen sie auch von denen der USA ab. Vor allem waren sie ausnahmslos den USA gegenüber hoch verschuldet – das Ausmaß dieser Verpflichtungen wird von zahlreichen Quellen unterschiedlich eingeschätzt. So sollten laut Berechnungen des Italieners Francesco Nitti die USA nach ihrem Kriegseintritt den Verbündeten Kredite im Wert von annähernd

11 Milliarden Dollar gewährt haben. Im Einzelnen zahlten sie Nitti zufolge

an Großbritannien	4 Milliarden 277 Millionen
an Frankreich	2 Milliarden 977 Millionen
an Italien	1 Milliarde 648 Millionen
an Belgien	349 Millionen
an Russland	187 Millionen
an die Tschechoslowakei	61 Millionen
an Serbien	20 Millionen
an Rumänien	15 Millionen
an Griechenland	15 Millionen

Die britischen Ökonomen Moulton und Pasvolsky schätzten die Schulden der Alliierten bei den USA samt Zinsen im Jahre 1931 auf 16 Milliarden US-Dollar. Außerdem hatten finanziell stärkere Staaten der Entente ebenfalls schwächeren Mitgliedern der Koalition Kredite gewährt. Die Europäer waren somit nicht nur gegenüber den USA, sondern auch untereinander verschuldet. Wahrscheinlich leiteten sie auch Teile ihrer US-Kredite an schwächere Verbündete weiter – etwa England an Frankreich oder Frankreich an Italien. Das zaristische Russland stand bei allen drei Hauptalliierten mit insgesamt 3,5 Milliarden Dollar in der Kreide. Die Tilgung dieser Anleihen wurde allerdings von dem damals geächteten Sowjetrussland, das nicht zu der Friedenskonferenz eingeladen worden war, zunächst strikt verweigert. Das als „Anleihe der Freiheit" betitelte komplett staatliche amerikanische Hilfspaket, das die Steuerzahler belastete und die privaten Lieferfirmen begünstigte, wurde nach dem Waffenstillstand als Projekt zum Wiederaufbau der zerstörten Wirtschaften Europas weitergeführt. Dieses komplexe Geflecht von Obligationen löste bereits während der Pariser Friedenskonferenz Reibungen zwischen den ehemaligen Koalitionspartnern aus. Besonders Frankreich, dessen Staatsgebiet von den Verwüstungen durch feindliche Armeen am meisten betroffen war, erwartete, dass die USA eine gewisse Großzügigkeit oder Respekt gegenüber dem weitaus größeren Opfer der Entente zeigten. Einig waren die Kontinentalmächte sich jedenfalls darin, dass sie uneingeschränkt berechtigt seien, die Besiegten zur Kasse zu bitten.

Die Befriedigung ihrer Ansprüche erhofften sie auf drei Ebenen: der Reparationen, des territorialen Gewinns und der Aufteilung deutscher Kolonien in Afrika und Asien. Mit einem verständlichen obwohl nicht logischen Konstrukt verbanden sie die Rückzahlung der Kredite an die USA mit dem Eingang von Reparationen. Bevor sie noch die allergeringste Ahnung von der Größe der einzutreibenden oder eintreibbaren Forderungen hatten, einigten sich die europäischen Hauptalliierten über den ihnen zustehenden Anteil der Zahlungen wie folgt: Frankreich 52 %, Großbritannien 22 %, Italien 10 %, Belgien 8 %, Griechenland, Rumänien und Serbien gemeinsam 6,5 % und Portugal 0,75 %. Außerdem stand für alle a priori fest, dass Deutschland die Reparationszahlungen nicht nur aufgrund seiner Niederlage leisten musste, sondern angesichts seines als märchenhaft eingeschätzten Reichtums auch leisten konnte.

Die Vereinigten Staaten waren als einzige weder auf territoriale Beute noch auf hohe Reparationen angewiesen. Großbritannien brauchte keinen Gebietszuwachs auf dem Kontinent und keine neuen Kolonien, sondern allein die Schwächung Deutschlands, vor allem der Kriegsflotte, sowie materielle Entschädigung. In Italien hingegen ging es um rasche Zahlungen, um Quadratkilometer und Kolonien sowie um die Behauptung seines Status als einer den Verbündeten ebenbürtigen Großmacht. Italiens territorialer Appetit konzentrierte sich auf Gebiete der ehemaligen Doppelmonarchie, auf den Balkan und auf europäische Teile der Türkei – all das, was ihm die anderen Großmächte im geheimen Londoner Vertrag vom April 1915 zur Belohnung für seinen Kriegseintritt zugesichert hatten.

Frankreich wurde während der Pariser Konferenz von ganz spezifischen Motiven geleitet. Erstens hatten die größten

Schlachten des westeuropäischen Kriegsgeschehens auf seinem Territorium stattgefunden. Zweitens gab es zwischen Frankreich und den jeweiligen deutschen Staatlichkeiten eine lange Tradition der Feindseligkeit. Der Rhein sollte nach dem Willen von Teilen der französischen Öffentlichkeit als natürliche Grenze etabliert werden. Der Verlust von Elsass und Lothringen (insgesamt 14.522 Quadratkilometer) stellte für viele Franzosen eine nationale Demütigung ersten Ranges durch den Erzfeind Germania dar. Nun, im ersten Frühjahr des Friedens, war es höchste Zeit, dafür die Rechnung einzureichen.

Die Ankunft in Versailles

Am 19. April 1919 erreichte ein Telegramm des Generals Rudant, Vertreter des französischen Oberkommandierenden, die Waffenstillstands-Kommission in Spa. Darin wurde das Deutsche Reich aufgefordert, eine Delegation nach Versailles zu entsenden. Die Abordnung sollte am 25. April abends eintreffen, um „den von den Alliierten und Assoziierten Mächten festgesetzten Text der Friedenspräliminarien in Empfang zu nehmen." Man forderte die Deutschen auf, Anzahl und Status der Delegierten schleunigst mitzuteilen. Daraufhin teilte der Außenminister Ulrich Graf Brokdorff-Rantzau in einer Depesche mit, er werde zu diesem Akt zwei Legationsräte und einige Verwaltungsbeamte entsenden – selbst die Frage seiner eigenen Beteiligung ließ er zunächst unentschieden. Offensichtlich fehlte dem Reichsminister etwas in dem französischen Telegramm: das Wort „Verhandlungen". Außerdem störte ihn der Ausdruck „festgesetzt", also unabänderlich – das Ganze roch nach Ultimatum. Jedenfalls wollte der Graf Zeit gewinnen und erlaubte sich eine kurze Nachfrage an den General in der Hoffnung, dass in dessen Antwort wenigstens der Begriff „Verhandlungen" vorkäme. Der darauf folgende Wortwechsel geriet eine Spur höflicher als die „Einladung".

GENERAL DURANT am 20. April: „Die Alliierten und Assoziierten Regierungen können nicht Abgesandte empfangen, die lediglich zur Entgegennahme des Wortlauts der Friedensartikel ermächtigt sind. Die Alliierten und Assoziierten Regierungen sind verpflichtet, von der deutschen Regierung zu fordern, dass sie Bevollmächtigte nach Versailles entsendet, die ebenso vollständig ermächtigt sind, die Gesamtheit der Friedensfragen zu verhandeln wie die Vertreter der Alliierten und Assoziierten Mächte."

BROKDORFF-RANTZAU am 21 April: „Unter der Voraussetzung, dass im Anschluss an die Übergabe des Entwurfs der Präliminarien Verhandlungen über deren Inhalt beabsichtigt werden, hat die deutsche Regierung mit entsprechenden Vollmachten versehene Personen zu Delegierten bestimmt (*hier folgt die Auflistung der Delegierten*). Die deutsche Regierung ist bereit, die vorstehend bezeichneten Personen nach Versailles zu senden, wenn Zusicherung gegeben wird, dass für die Delegierten und ihre Begleiter volle Bewegungsfreiheit, freie Benutzung von Telegraph und Telefon zum Verkehr mit der deutschen Regierung gewährleistet ist. Die Abreise der Delegierten und ihrer Begleiter würde sich jedenfalls um einige Tage verzögern."

GENERAL DURANT am 23. April: „Die deutschen Delegierten können abreisen, wenn sie hierzu bereit sind. Die deutsche Regierung wird gebeten, den Termin der Abreise so schnell wie möglich bekannt zu geben. Die Reise im alliierten Gebiet wird so geregelt, dass sie abends in Versailles ankommen, um sich in Ruhe einrichten zu können. Die deutschen Delegierten werden jede Bewegungsfreiheit zur Erfüllung ihrer Mission haben. Ebenso haben sie völlige Freiheit zur telegraphischen und telefonischen Verbindung mit ihrer Regierung."

Trotz der beschwichtigenden Benutzung des Verbs „verhandeln" begriff der deutsche Diplomat, dass die „Alliierten und Assoziierten Regierungen", im Klartext die französische Regierung, nicht daran dachte, konkrete Streitfragen zu thematisieren – zu diesem Zweck wäre eine direkte Einladung zur Friedenskonferenz in Paris erforderlich gewesen. Es blieb nun nichts anderes übrig, als „so schnell wie möglich" die Fahrt nach Versailles vorzubereiten. Am Sonntagnachmittag, dem 28. April, starteten der „Diplomatenzug" und danach der „Pressezug" vom Berliner Ostbahnhof. Der erste bestand aus drei Schlafwagen, einem Arbeitswagen und einem Postwagen. In diesem befand sich, wie der Korrespondent der regierungsnahen „Deutschen Allgemeinen Zeitung" meldete, „das gesamte Aktenmaterial in sechs stattlichen Kisten" und das Gepäck sämtlicher Reisender, alles mit der Aufschrift versehen: „Délegation allemand de la paix, Versailles." Die Fahrtrichtung führte über Hannover, Essen und das belgische Namur zur französischen Grenze, von wo aus die Züge von einer französischen Eskorte begleitet wurden. Die von Brokdorff-Rantzau geführte Delegation bestand aus 180 Personen, vor allem Vertretern des Auswärtigen Amts, des Finanz-, Justiz-, Kolonial- und Wirtschaftsministeriums sowie der Reichsbahn, des Generalstabs und des Reichsmarineamts. Die Zusammensetzung sprach für sich: Das halbe Weimarer Ministerkabinett, also fast die Hälfte der Regierung, stand für professionelle Verhandlungen zur Verfügung. Am 29. April um 10 Uhr abends wurde die Abordnung im Versailler „Hôtel des Réservoirs" einquartiert.

Die Fahrt dauerte selbst für das damalige Verkehrstempo sehr lange und enthielt, ähnlich wie Erzbergers Reise zum Wald von Compiégne, Elemente der Inszenierung. Der Schweizer Journalist Max Rudolf Kaufmann: „Langsam senkt sich der Abend über das deutsche Land, ein etwas wehmütiger Aprilabend. Ein einfaches Mahl vereinigt uns noch einmal, dann werden die Betten zurechtgemacht, und gegen neun Uhr ist im Schlafwagen alles still geworden. Laute Stimmen wecken uns um fünf Uhr früh aus dem Schlafe. Ein französischer Artillerieoberst hat mit bewaffneten Mannschaften den Zug bestiegen und erklärt kurz aber höflich: ‚C'est moi à le commandement'(Jetzt habe ich das Kommando). Gegen ein Uhr passieren wir die französische Grenze, und vom Wagenfenster aus bekommt der Fahrtteilnehmer eine Ahnung von den Schrecknissen des Krieges."

Gleich nach der Ankunft der Delegation stellte sich heraus, dass die Zusicherungen des Generals Durants nicht eingehalten wurden: Die Bewegungsfreiheit bezog sich lediglich auf einen Teil des Versailler Parks, die Stadt selbst durften die Delegierten nicht betreten – wenn überhaupt, dann nur mit Sondergenehmigung und in Begleitung von Geheimpolizisten. Auch die telegrafische und telefonische Verbindung mit Berlin wurde nur stockend bereitgestellt. In dieser

Die deutsche Verhandlungsdelegation. Von links nach rechts: Prof. Dr. Schücking, Reichspostminister Giesberts, Reichsjustizminister Dr. Landsberg, Reichsminister des Auswärtigen Amts Dr. Graf Brockdorff-Rantzau, Präsident der Preußischen Landesversammlung Robert Leinert, Dr. Carl Melchior.

internierungsähnlichen Situation fühlten sich die Delegierten abgehört und beschattet. So vergingen die Tage mit nervtötendem Warten, der Verhandlungsbeginn verzögerte sich. Selbst Pariser Blätter wie „Le Matin" und „L'Écho de Paris" spekulierten über mögliche Gründe. Indessen sickerten die ersten Gerüchte über die horrenden Friedensbedingungen in die Weltpresse. Erst auf Insistieren von Brokdorff-Rantzau am 5. Mai wurden Ort und Zeit des Treffens genannt: 7. Mai, drei Uhr nachmittags im Hotel Trianon Palace. Freilich galt die Einladung nicht zu Verhandlungen, sondern zur „Überreichung" der Bedingungen.

Für die Verzögerung der Übergabe des Vorfriedensvertrags war allerdings nicht der böse Wille der Alliierten, sondern eine unerwartete „Betriebsstörung" verantwortlich: Am 24. April hatte die italienische Delegation Paris verlassen – aus Protest gegen den Plan, Stadt und Hafen Fiume (Rijeka) sowie Teile von Istrien und Dalmatien Serbien zuzusprechen. Dies war der erste offene Bruch zwischen den Alliierten. In Rom wurden die beiden Delegierten als Helden gefeiert und „der verstümmelte Sieg" den Verbündeten zum Vorwurf gemacht. Infolge dieser heftigen Debatte geriet Präsident Wilson in die Zwickmühle zwischen seinen eigenen 14 Punkten und der europäischen Realität. Der italienische Regierungschef Orlando und sein Außenminister Sonnino bezogen sich zu Recht auf das Londoner Geheimabkommen, das für die damals noch nicht kriegführenden USA keineswegs verbindlich war. Dennoch hätte das Fernbleiben einer Siegermacht bei der Übergabe des Diktats an den Hauptverlierer dem Prestige der ganzen Konferenz geschadet. Schließlich gelang es nach einem geheimen Handel, Rom wieder auf Linie zu bringen. Die beleidigten Staatsmänner kehrten noch rechtzeitig nach Versailles zurück, um der zweifelhaften Zeremonie beiwohnen zu können.

So begann im Großen Saal des Hotels Trianon die Konferenz, an der, wie die Zeitungen meldeten, sämtliche Delegationen der Alliierten und Assoziierten Regierungen teilnahmen. Die Deutsche Allgemeine fügte hinzu: „Die Ankündigung, dass auch Damen zugelassen werden, erfüllte sich nicht." Dabei arbeiteten für die Herren Delegierten viele Stenotypistinnen und „Maschinenschreibfräulein". Im Unterschied dazu sicherte eine Quote die Präsenz von Journalisten. Die Deutschen mussten sich mit fünf Journalisten zufriedengeben. In der Mitte des großen Saales nahmen die drei Polit-Magnaten Platz – Clemenceau, Wilson und Lloyd George. Fast genau um drei Uhr betraten die deutschen Delegierten den Saal. Alle Anwesenden erhoben sich zur Begrüßung. Zunächst hielt der französische Premier ein kurzes Statement.

CLEMENCEAU: „Die Stunde der Abrechnung, entstanden durch den so grausam aufgezwungenen Krieg, ist gekommen. Sie verlangten Frieden, und wir sind bereit ihn zu gewähren.

Verhandlung in Versailles.

Das Buch, das Ihnen überreicht wird, enthält die Bedingungen. Wir werden Ihnen die nötige Zeit lassen, die die internationale Höflichkeit gebietet, um sie zu prüfen. Wir werden aber für die notwendigen Vorkehrungen und Sicherungen sorgen, damit auf diesen zweiten Versailler Vertrag, der einen so schrecklichen Krieg abschließt, kein weiterer folgt. (...) Wünscht noch jemand eine Bemerkung zu machen?"

BROKDORFF-RANTZAU: „Es wird von uns verlangt, dass wir uns als die Alleinschuldigen bekennen; ein solches Bekenntnis wäre aus meinem Munde eine Lüge. Wir sind fern davon, die Verantwortung von Deutschland abzuwälzen. Die Haltung der früheren deutschen Regierung mag zu dem Unheil beigetragen haben, aber wir bestreiten nachdrücklich, dass Deutschland allein mit Schuld belastet ist. In den letzten 50 Jahren hat der Imperialismus aller europäischen Staaten die internationale Lage chronisch vergiftet. Die Politik der Vergeltung, die Politik der Expansion, die Nichtachtung des Selbstbestimmungs-rechts der Völker hat zur Krankheit Europas beigetragen."

Des Weiteren bezog sich der Außenminister auf die 14 Punkte, versprach deutsche Hilfe beim Wiederaufbau Belgiens und Nordfrankreichs, bat jedoch darum, dieses Vorhaben nicht auf Kosten mehrerer Hunderttausend deutscher Kriegsgefangener, „Söhne, Brüder und Väter", umsetzen zu müssen, sondern zunächst deren Heimkehr nach Deutschland zu ermöglichen. Zum Abschluss versprach er das zu übergebende Dokument, vor allem die Möglichkeit der finanziellen Entschädigung, zu prüfen und erklärte: „Das deutsche Volk ist innerlich bereit, sich mit seinem schweren Los abzufinden."

Auf Zeitzeugen, selbst auf deutsche, wirkte die Rede wie ein Fauxpas, und dass es so war, lag außer an dem selbstbewussten Ton, mit dem er die deutsche Alleinschuld zurückwies, auch an sonstigen Details. Während Clemenceau sein Statement samt Säbelrasseln und unfeiner Anspielung auf das Jahr 1871 flott vorgelesen hatte, musste Brokdorff-Rantzaus Ansprache satzweise ins Französische und Englische gedolmetscht werden und nahm gegenüber den fünf Minuten des Franzosen 40 Minuten in Anspruch. Zudem beging der deutsche Außenminister einen erstaunlichen Fehler für einen geübten Diplomaten: Er blieb während der Rede auf seinem Stuhl sitzen. Was die inhaltliche Schärfe seiner Rhetorik angeht, müssen wir bedenken, dass der Graf seine Worte auch an die deutsche Öffentlichkeit richtete, die in diesen Tagen mit angehaltenem Atem auf die schlimmen Nachrichten aus Versailles wartete und zumindest auf würdevolle Selbstbehauptung hoffte.

Sicherlich spielten auch die enttäuschenden, demütigenden Erfahrungen der Reise eine Rolle. Vielleicht war das berühmte „Sitzenbleiben" keine bewusste Geste mangelnden Respekts gegenüber den Siegern, sondern hing mit der aktuellen seelischen Verfassung des Aristokraten zusammen. Eines ist gewiss: Brokdorff-Rantzaus Haltung hat die Entscheidung der Sieger in keiner Weise beeinflusst. „Das Buch", das Clemenceau in seinem Statement ankündigte, war bereits geschrieben. Auf der

Rückfahrt ins Hotel, so erzählt der Schweizer Journalist Kaufmann, trug ein Legationsrat „das inhaltsschwere Dokument mit 420 Paragraphen und vier Landkarten", auf dem Einband die beiden Titel „Conditions des paix" und „Conditions of Peace". Die Endgültigkeit des Urteils wurde bestätigt durch die Unterschriften der Vertreter von 27 Nationen, von denen die meisten weder mit dem Krieg noch mit Deutschland zu tun hatten.

„Gesetz über den Friedensschluß zwischen Deutschland und den alliierten und assoziierten Mächten." Veröffentlicht im Deutschen Reichsgesetzblatt vom 12. August 1919.

Versailles – Metapher und Realität

Bevor noch der Volltext des Vertrags den deutschen Blätter-
wald erreichte, waren zahlreiche seiner Bestimmungen bereits durchgesickert – Gerüchte, welche die Medien zunächst
mit dem vorsichtigen Beiwort „angeblich" abzuschwächen
versuchten. Die ganze Wahrheit war somit keine komplette
Überraschung mehr, aber dennoch ein Schock, der alle aktuellen Probleme der jungen Weimarer Republik in den Schatten
stellte. Zwar fanden noch landesweit Demonstrationen gegen
die Regierung und Streiks in den Betrieben statt. Die Asche
glühte immer noch unter den Ruinen der Münchner Räterepublik. Der Prozess gegen die Mörder von Rosa Luxemburg und
Karl Liebknecht wurde soeben eröffnet. Aber die telegrafischen
Meldungen aus Versailles schienen für einen historischen Augenblick den Zusammenhalt der Gesellschaft auf das Niveau
der euphorischen Augusttage 1914 zu erhöhen. Buchstabe
und Geist, Form und Inhalt des Diktats glichen einer bedin-
gungslosen Kapitulation auf territorialer, militärischer, finan-
zieller, politischer und moralischer Ebene.

Die geografischen Nachteile und Verluste – 13 % des früheren Reichsgebiets mit 10 % der Bevölkerung – waren im Ver-
gleich zu anderen besiegten Ländern nicht die größten. Die
meisten Quadratkilometer mussten zugunsten Frankreichs,
Polens und der Tschechoslowakei, nur wenige an Belgien ab-
getreten werden. Die ehemaligen deutschen Kolonien teilte
man als sogenannte Mandatsgebiete unter Großbritannien,
Belgien, Portugal, Australien, Neuseeland, Japan und der Süd-
afrikanischen Union auf – ökonomisch gesehen waren sie wenig profitabel und hatten eher dem Prestige des Reichs als
Kolonialmacht gedient. Viel empfindlicher waren die Einbu-
ßen auf europäischem Territorium – unter ihnen bedeutende

Industrieregionen wie das Saarland und Oberschlesien. Als gravierend erwies sich die Übergabe wichtiger Territorien an die Tschechoslowakei und Polen mit je einem starken deutschen Bevölkerungsanteil – in der CSR waren es 3 Millionen, in der Rzeczpospolita 1,2 Millionen, die als schwere Hypothek die beiden neuen osteuropäischen Staaten belastete und sich als Quelle späterer Kollisionen mit Deutschland erweisen sollte. Äußerst unglücklich verlief die Schaffung eines freien polnischen Zugangs zur Ostsee, der bereits in den 14 Punkten zugesichert worden war. Der „polnische Korridor", über 140 Kilometer lang und 30 bis 90 Kilometer breit, führte zur „Freien Stadt Danzig" und isolierte nicht nur deren zu 90 % deutsche Bevölkerung vom übrigen Reichsgebiet, sondern zerschnitt dessen Territorium in einen westlichen und einen östlichen Teil. Selbstverständlich wurde auch diese Entscheidung zum Zankapfel und führte zu späteren Konfrontationen.

Die militärischen Bestimmungen trafen hauptsächlich das kaiserliche Heer, das 1914, im letzten Friedensjahr, 800.000 Soldaten umfasst hatte, sowie die kaiserliche Marine, bei der zur selben Zeit 80.000 Männer dienten. Die Friedensstärke des Heeres musste nun auf 100.000, das Offizierskorps auf 4000 Mann reduziert werden. Die allgemeine Wehrpflicht sollte abgeschafft werden. Die Pro-Kopf-Zahl der Marine durfte nicht 15.000, die Anzahl der Offiziere nicht 1.500 übersteigen. Entsprechend wurden radikale Änderungen an der Ausrüstung vorgenommen: Einfuhr und Ausfuhr von Waffen nach bzw. aus Deutschland waren strikt verboten. Über Panzer, Panzerwagen, Flugzeuge und Zeppeline durfte die Reichswehr nicht verfügen. Noch radikaler ging die Entente, in diesem Fall vor allem Großbritannien, mit der kaiserlichen Marine um. Insgesamt 74 Kriegsschiffe, praktisch der Kern der intakten Deutschen Hochseeflotte, wurden samt der Besatzung nach dem Waffenstillstand von Compiègne in der schottischen Bucht Scapa Flow interniert. Dieser sichere Fang war jedoch den siegreichen Alliierten nicht vergönnt: Kurz vor der Unterzeichnung des Friedensvertrags ließ Kapitän Ludwig von Reuter die gesamte Flotte versenken. In Deutschland wurden der Kapitän und die 2000 beteiligten Matrosen und Offiziere als Helden gefeiert – ein Trostpflaster für den verhassten Friedensvertrag.

Der komplizierteste Teil des Vertragsentwurfes waren die Reparationen. Indes sollten bestimmte territoriale Gewinne zu dieser Kategorie gehören. Im Fall von rohstoffreichen oder produktionsstarken Gebieten wie dem Saarland oder Oberschlesien schien die Formel Annexion = Kontribution zu gelten. Auch den Verlust der Handelsflotte, der 90 Schiffe umfasste, oder die Sperre des deutschen Auslandsvermögens konnte man als Reparationszahlung deklarieren. Vor allem fehlte im Text ein exakter Betrag, mit dem einerseits Deutschland, andererseits die einzelnen Entente-Staaten real kalkulieren konnten. Es zirkulierten, wie bereits erwähnt, astronomische Zahlen zwischen 120 und 269 Milliarden Goldmark. Im Vertrag selbst wurde eine viel bescheidenere Zahl genannt: „20 Milliarden Goldmark in so vielen Raten und solcher Form (in Gold, Waren, Schiffen, Wertpapieren oder anderswie), wie es der Wiedergutmachungsausschuss festsetzt". Diese Summe musste eiligst, „1919, 1920 und in den ersten vier Monaten 1921" beglichen werden, „bevor der endgültige Betrag ihrer (der Alliierten) Ansprüche festgesetzt wird." Es handelte sich also um eine Vorleistung, mit der die nüchterneren Partner, vor allem die USA, dem wirtschaftlichen Kollaps und damit der Zahlungsunfähigkeit ihres Erzfeindes vorbeugen wollten. Diese Bedenken wurden im Vertragstext unter Artikel 232 fixiert: „Die alliierten und assoziierten Regierungen erkennen an, dass die Hilfsmittel Deutschlands (...) nicht ausreichen, um die volle Wiedergutmachung aller (...) Verluste und Schäden zu gewährleisten".

Dem großzügigen Artikel 232 wurde jedoch der Artikel 231 vorausgeschickt: „Die alliierten und assoziierten Regierungen erklären und Deutschland erkennt an, dass Deutschland und seine Verbündeten als Urheber für alle Verluste und Schäden verantwortlich sind, die die alliierten und assoziierten Regierungen und ihre Staatsangehörigen infolge des Krieges, der ihnen durch den Angriff Deutschlands und seiner Verbündeten aufgezwungen wurde, erlitten haben." Vielleicht ist es keine Übertreibung zu behaupten, dass die deutsche Öffentlichkeit viel höhere Summen als 20 Milliarden Goldmark akzeptiert hätte, wäre die Reparationsleistung nicht so direkt mit der Schuldfrage verbunden gewesen. Dieser Satz hätte eher zu einer Anklagerede als zu einem Friedensabkommen gepasst. Selbst der Vertrag von Brest-Litowsk, in dem Russland 26 % seines Staatsgebiets, 60 Millionen Einwohner, 27 % des anbaufähigen Landes, 26 % des Eisenbahnnetzes, 33 % der Textilindustrie, 73 % der Eisenindustrie sowie 73 % der Kohlegruben an „Deutschland und seine Verbündeten" verlor und 6 Milliarden Goldmark als Entschädigung leisten musste, enthielt keine Anspielung auf Verantwortlichkeit. Vielmehr wurde darin die Absicht der vertragschließenden Seiten betont, „fortan in Frieden und Freundschaft miteinander zu leben".

Dabei war eine deutsche Verantwortung mit konkretem Inhalt und Umfang nicht zu leugnen. Sie betraf vor allem die Besetzung des neutralen Belgiens, den uneingeschränkten und verschärften U-Bootkrieg, der zwangsweise zum Tod von an den Kampfhandlungen unbeteiligten Menschen führte. Und was die Methode der Kriegführung anbelangt, die Bombardierung ziviler Zielpunkte und die Verwendung von Chlorgas an der Front. Dies waren allesamt grobe Verletzungen der Haager Landkriegsordnung von 1907, die auch das Reich unterzeichnet hatte. Allerdings konnte von einer Alleinschuld der Mittelmächte keine Rede sein. Die deutsche Kriegserklärung war eine Antwort auf die Mobilmachung Russlands. Die Okkupation von Belgien und Luxemburg durch das Kaiserliche Heer war mit der Hoffnung verbunden, vielleicht damit eine klare britische Positionierung zu verhindern. Der Einsatz von chemischen Waffen war keine deutsche Spezialität. Die Verwendung von Panzern belastete das Gewissen britischer Militärs. Insgesamt war jede Suche nach Haupt- und Nebenverantwortlichen in diesem Krieg eine Illusion.

Jedenfalls schlug der Artikel 231 in Deutschland wie eine Bombe ein, was mit überkommenen Begriffen wie „Schmach" und „Ehre" zusammenhing. In einem Land, wo selbst im Zusammenhang mit einem politischen Mord „ehrenhafte Motive", sprich patriotische, soldatische Gefühle als mildernder Umstand gewertet wurden, konnte der Schuldspruch vor allem als „Entehrung" Deutschlands gedeutet werden. Die Rhetorik nach dem 7. Mai sprach von Deutschlands Vergewaltigung, Vernichtung und Finis Germaniae. Die Friedensbedingen galten als „unerträglich" „unerfüllbar", „unannehmbar". Reichspräsident Ebert und die Mitglieder der Reichsregierung riefen am 8. Mai „alle Volksgenossen auf, in dieser schwarzen Stunde zusammen(zu)stehen, im wechselseitigen Vertrauen auszuharren". Offiziell wurde landesweite Volkstrauer verkündet. Für die Dauer einer Woche sollten „alle öffentlichen Lustbarkeiten unterbleiben und in den Theatern nur solche Darstellungen zur Aufführung gelangen, die dem Ernste dieser Zeit entsprechen." In der Reichshauptstadt wurde die Verordnung nicht lückenlos befolgt. Das Theater des Westens konnte noch „Rigoletto" spielen, das Opernhaus „Carmen" und „Lohengrin", das Schauspielhaus gab Ibsens „Volksfeind" und Shakespeares „Coriolan". Auf das „Dreimäderlhaus", den „Graf von Luxemburg" und den „Zigeunerbaron" konnten die Operettenhäuser nicht verzichten – Trost musste sein. Neben Trauer gab es auch Wut, die sich in landesweiten Kundgebungen äußerte, auf denen die Menge den populären Slogan „Nein, nein und nochmals nein!" skandierte.

Diese vorübergehende zentripetale Auswirkung des 7. Mai bereitete der Regierung zunehmend Kopfschmerzen. Es schien ein neuer Burgfriede zu entstehen, das Land war im kollektiven Hass auf den siegreichen Feind vereint. Inzwischen wussten die Politiker, dass kein Weg an der Unterzeichnung vorbeiführte, das Unannehmbare musste angenommen werden. Selbst die verlängerte Frist gewährte ihnen nur vier Wochen. Und da die Weimarer Regierung kein preußischer Obrigkeitsstaat mehr war, sondern eine moderne deutsche

Deutsche Gebietsverluste

Östliche Grenze des
demilitarisierten
Rheinlandes

Verbot von Neuanlage oder
Veränderung von Befestigungen

Weiteste Ausdehnung
der Rheinland-Besetzung
(1926)

Internationalisierter Schiffahrtsweg

Ehemalige Kriegsgegner

Staatneugründen und
restaurierte Staaten auf dem
Gebiet des Deutschen Reiches,
Österreich-Ungarns und Russlands

Neutrale Staaten

Lux. = Luxemburg
L. = Liechtenstein

DÄNEMARK

S

K

Nordschleswig
(zu Dänemark)

Kiel

Nordsee

Hamburg

Sch

Bremen

NIEDER-

AMSTERDAM

Hannover

Elbe

LANDE

DEUTSCHES REICH

Essen

Kassel

Erfurt

BRÜSSEL

Köln

BELGIEN

Eupen-Malmedy
(zu Belgien)

Frankfurt

Lux.

Saargebiet
(Völkerbund)

Reims

Metz

Saarbrücken

Nürnberg

PARIS

Elsaß-Lothringen
(zu Frankreich)

Straßburg

Stuttgart

Donau

FRANKREICH

Freiburg

Münc

Dijon

SCHWEIZ

Innsbruck

SCHWEDEN

KOPENHAGEN

Ostsee

Memelland
(alliierte Verwaltung,
Annexion durch Litauen,
autonom)

LITAUEN

KAUNAS

Memel

Freie Stadt Danzig

Königsberg

Stettin

Oder

BERLIN

Westpreußen
(zu Polen)

WARSCHAU

Posen

Posen
(zu Polen)

POLEN

Lodz

Reichthaler Ländchen
(zu Polen)

Breslau

Dresden

Oberschlesisches
Kohlerevier
(zu Polen)

Krakau

PRAG

Hultschiner Ländchen
(zur Tschechoslowakei)

TSCHECHOSLOWAKEI

Linz

WIEN

BUDAPEST

ÖSTERREICH

UNGARN

Vertrag von Versailles

Plakat, das die Bedingungen der Friede Versailles darstellt.

Demokratie, brauchte sie klare Mehrheiten in der Nationalversammlung für diesen „Schmachfrieden". Allenfalls versuchte
Philipp Scheidemanns Kabinett in einer Reihe von Noten an
die Entente den offiziellen deutschen Standpunkt vor allem
in der Schuldfrage zu erörtern – völlig erfolglos. Auf das Argument, dass demokratische Länder wie die Entente-Staaten
die Schuld eines autoritären Regimes nicht an dessen demokratischen Nachfolgern rächen sollten, antwortete die Pariser Friedenskonferenz in ihrer Mantelnote vom 16. Juni kalt-
blütig und zynisch:

„Die Alliierten und Assoziierten Mächte anerkennen die
eingetretene Veränderung und beglückwünschen Sie dazu.
Diese Umwandlung stellt eine große Friedenshoffnung und
eine Neuordnung für die Zukunft Europas dar. Aber sie kann
die Liquidierung des Krieges selbst nicht berühren. Die deutsche Revolution wurde verzögert, bis die deutschen Heere

im Felde geschlagen worden waren, bis jede Hoffnung, aus einem Eroberungskrieg Nutzen zu ziehen, sich verflüchtigt hatte. Sowohl während des ganzen Verlaufs des Krieges wie auch vor dem Kriege ist das deutsche Volk und sind seine Vertreter für den Krieg gewesen…" Sie fügten hinzu, dass der Brief das letzte Wort der Entente vor Ablauf der Frist sei und eine Verweigerung oder gar Verzögerung der Unterschriften keineswegs folgenlos bleiben würde: „Der Waffenstillstand wird damit beendet sein, und die Alliierten und Assoziierten Mächte werden diejenigen Schritte ergreifen, die sie zur Erzwingung ihrer Bedingungen für erforderlich halten." Neben der direkten Kriegsdrohung lastete auf Deutschland nach wie vor die durch Großbritannien vollzogene Seeblockade. Sie trennte die Weimarer Republik von ihren elementaren Lebensmittelquellen und beschwor eine Hungersnot herauf.

Das Ultimatum löste zunächst eine Regierungskrise aus: Am 19. Juni dankte die Regierung Philipp Scheidemann ab, darunter der Außenminister Brokdorff-Rantzau, weil sie nicht die Haftung für die Unterzeichnung des Versailler Vertrags auf sich nehmen wollte. Erst die neue Regierung, eine Koalition der Mehrheitssozialdemokratie mit dem Zentrum unter der Führung von Gustav Bauer, wagte es, die undankbare Aufgabe anzunehmen. Am 23. Juni 1919 hielt Bauer in der Nationalversammlung ein Plädoyer für die Unterzeichnung:

„Unterschreiben wir! Das ist der Vorschlag, den ich Ihnen im Namen des gesamten Kabinetts machen muss. Bedingungslos unterzeichnen! Ich will nichts beschönigen. Die Gründe, die uns zu diesem Vorschlag zwingen, sind dieselben wie gestern. Nur trennt uns jetzt eine Frist von knappen vier Stunden von der Wiederaufnahme der Feindseligkeiten. Einen neuen Krieg könnten wir nicht verantworten, selbst wenn wir Waffen hätten. Wir sind wehrlos. Wehrlos ist aber nicht ehrlos!" Daraufhin gelang es, die parlamentarische Mehrheit (209 gegen 116) für ein Ja zu gewinnen: Die Nationalversammlung bewilligte die Friedensbedingungen wortwörtlich in der letzten Stunde vor dem Ablauf der Frist.

Delegationen bei der Unterzeichnung des Vertrages in Versailles.

Obwohl die Unterzeichnungszeremonie im Versailler Spiegelsaal unter Beteiligung des Außenministers Hermann Müller (SPD) und des Verkehrsministers Johannes Bell (Zentrum) in ein ausgelassenes Volksfest mündete – ganz glücklich mit dem Friedenswerk waren auch die Sieger nicht. Marschall Foch, einer der Begründer des Erfolgs, sprach skeptisch von einem „Waffenstillstand für zwanzig Jahre". Die Reparationen lösten nicht die wirtschaftlichen Probleme der Entente-Staaten, die Erniedrigung des Feindvolkes verringerte nicht die Traumata der Opfer. Ost- und Südosteuropa blieben zerrissen und chaotisch, in Sowjetrussland wütete der blutige Bürgerkrieg weiter, in dem die „Roten" nach und nach die „Weißen", die Verbündeten der Siegermächte, verdrängten. Der Kommunismus ging um in Europa – und diesmal nicht mehr nur als Gespenst.

Versailles und seine Folgen gehören zu den meistdiskutierten Themen sowohl der Zeitgenossen als auch der Historiker.

Insbesondere stellt sich immer wieder die Frage, ob und inwiefern das Versailler Diktat den Sieg des Nationalsozialismus und damit den Ausbruch des Zweiten Weltkrieges vorherbestimmt hat. Obwohl eine monokausale Erklärung für Ereignisse solcher Tragweite kaum überzeugend sein kann, wird diese Interpretation dadurch bestärkt, dass sich auch die nationalsozialistische Propaganda mit Vorliebe auf die Ungerechtigkeit des Versailler Diktats berief und Hitler mit diesem Argument bei den Verhandlungen mit Vertretern der früheren Siegermächte immer wieder versucht hat, Druck auszuüben. Eine wenig wahrgenommene Stimme in diesem Diskurs gehörte dem ungarischen politischen Denker István Bibó (1911–1979), der 1942 sein Buch „Die deutsche Hysterie – Ursachen und Geschichte" niederschrieb – offensichtlich für die Schublade. Das Außergewöhnliche an seinem Gedankengang bestand darin, dass Bibó die Frage stellte: „Was soll mit Deutschland geschehen?" Was sollte mit Deutschland nach dessen künftiger Niederlage geschehen, die für den Autor bereits 1942 außer Zweifel stand? Kam Bibó zu der Schlussfolgerung, dass der Versailler Vertrag auch bei solchen Deutschen auf Ablehnung gestoßen war, „denen die Philosophie des Hitlerismus völlig fremd war". Aber daher rührte wahrscheinlich „die furchtbare Lähmung der demokratisch und europäisch gesinnten Deutschen gegenüber der hitleristischen Agitation." Bibó fand es wichtig, bei einem eventuellen Friedensschluss nach Kriegsende die Lehren aus dem Versailler Diktat zu berücksichtigen. Seine Ausgangsthese klang geradezu prophetisch: „Das deutsche Übel ist keine unheilbare organische Krankheit, sondern ein grauenhafter kollektiver Starrkrampf, dessen Auflösung die größte europäische Aufgabe der Zukunft sein wird."

Völkerbundpalast in Genf, 1968.

Der Haupteingang des ehemaligen Völkerbundpalastes in Genf, Schweiz, heute.

Woodrow Wilson und der Völkerbund

Außer Deutschland und seinen Verbündeten gab es einen weiteren Verlierer des ersten Nachkriegsvertrags – den US-Präsidenten Wilson. Er musste erleben, wie sich seine zunächst viel gerühmten 14 Punkte in eine Theaterkulisse verwandelten und er selbst vom Friedensapostel zum Buhmann der enttäuschten Nationen aufstieg. An diesem Desaster hatte auch er seinen Anteil, der allerdings mit den spezifischen Charakteristika der amerikanischen Demokratie zusammenhing: Er war gezwungen, im Repräsentantenhaus auf seine Gegner, die Republikaner, Rücksicht zu nehmen, die gerne die Unzufriedenheit der amerikanischen Steuerzahler mit dem europäischen US-Engagement gegen den Präsidenten instrumentalisierten. Offenbar nahmen ihn auch die ermüdenden interkontinentalen Reisen sowie die parallele Beschäftigung mit welt- und innenpolitischen Problemen sehr in Anspruch. Anfang Oktober 1919 erlitt er einen Schlaganfall, der eine halbseitige Lähmung zur Folge hatte. Zwei Monate später erreichte ihn die Nachricht, dass ihm in Oslo der Friedensnobelpreis verliehen worden war, und zwar „für seine Verdienste um die Beendigung des Ersten Weltkriegs und die Gründung des Völkerbundes." Der erste Verdienst hatte für ihn einen bitteren Beigeschmack. Die Existenz des Völkerbundes blieb nun der letzte Hoffnungsschimmer auf dem gleichzeitigen Höhe- und Tiefpunkt seiner staatsmännischen Laufbahn.

Als der weltweit gefeierte Präsident am 13. Dezember 1918 im Hafen Brest französisches Staatsgebiet betrat, glaubte der damals 63-jährige, das Projekt eines ewigen Friedens in seiner Aktentasche mitgebracht zu haben. Damit meinte er jene „allgemeine Gesellschaft der Nationen", die er in Artikel 14 der berühmten Kongressrede vom 8. Januar 1918 zur

Sprache gebracht hatte. Allerdings steckte der Entwurf noch in den Kinderschuhen und erhielt den Namen „Völkerbund" erst im Verlauf der weiteren juristischen und stilistischen Bearbeitung. Formal lief alles nach Plan. Am 28. April nahm die Pariser Konferenz das mühsam erarbeitete Statut einstimmig an. Man war dem Initiator Wilson in zwei Punkten entgegengekommen: Erstens ermöglichte das Statut die Vereinbarkeit des US-Beitritts mit der Monroe-Doktrin (Amerikas Nichteinmischung in die Politik anderer Staaten), zweitens enthielt es die Regelung, dass das Gründungsdokument in jedem noch abzuschließenden Friedensvertrag den konkreten Bedingungen vorausgeschickt werden sollte. Alles andere, vor allem die Zielsetzung der neu zu gründenden Organisation, erschien als Selbstverständlichkeit: die Förderung der internationalen Kooperation, die Vermittlung in Konflikten, die Kontrolle der Einhaltung von Friedensverträgen und die militärische Hilfe gegenüber Staaten, die Opfer einer Aggression geworden waren. Ebenso gab es keine großen Diskussionen um die Stadt Genf als Sitz des Völkerbundes und auch nicht um dessen Strukturen: die jährliche Generalversammlung, den Völkerbundrat mit festen und assoziierten Mitgliedern, das Sekretariat, das Verwaltungsgericht sowie das Prinzip der Einstimmigkeit von Beschlüssen. Der kühne und edle Plan scheiterte einzig und allein am Zeitfaktor.

Für Wilson war es bedeutsam, als erstes seine Lieblings-Institution unter Dach und Fach zu bringen und danach durch dessen Autorität den von ihm erträumten gerechten Frieden mit den verfeindeten Staaten abzustimmen. Die Sieger hingegen wollten einen möglichst schnellen Frieden unter Berücksichtigung ihrer territorialen und finanziellen Interessen. Diese Absicht war auch begreiflich, denn vor allem in den besiegten Staaten herrschte ein unbeschreibliches Chaos, das sich auch auf die Entente destabilisierend auswirken konnte. In Ungarn und Deutschland gewann der Bolschewismus immer mehr Terrain, und auf den roten folgte der weiße Terror von halb- oder illegalen Freikorps. In diesem Wirrwarr hatte die Völkerbund-Idee nur den Sinn, ungelöste oder unlösbare Probleme auf die lange Bank zu schieben bzw. auch noch die empörendsten Ungerechtigkeiten durch Wilsons Prestige abzudecken. Die Koppelung des Statuts an die jeweiligen Diktate bedeutete, dass den Verlierern erst nach der Unterzeichnung der Friedensverträge die potenzielle Mitgliedschaft zu der „allgemeinen Gesellschaft der Nationen" zugesichert wurde. Dies hieß jedoch keineswegs, dass sie automatisch auch dort aufgenommen wurden. Während Österreich und Bulgarien nach dem raschen Friedensschluss bereits 1920 als Mitglieder eingeladen worden waren, betraten ungarische Delegierte erst 1922, deutsche 1926, türkische 1932 und sowjetische 1934 den Genfer Völkerbundpalast.

Die Weltorganisation ahmte in ihrer Entscheidungsstruktur die Pariser Friedenskonferenz nach. Tonangebend waren die ständigen Mitglieder des Völkerbundrates, die mit den Hauptalliierten der Entente identisch waren. Aufgrund des Einstimmigkeitsprinzips entstanden die meisten Beschlüsse unter dem Druck der Versailler Sieger. Manche Kontroversen – etwa ein Grenzstreit auf dem Balkan, der Streit um Spitzbergen, die Åland-Inseln oder Korfu – konnten geschlichtet werden, und die Verteilung der Mandatsgebiete ging relativ zügig vonstatten. Erfolgreich waren auch Anleiheprogramme, die besonders der wirtschaftlichen Stärkung von schwächeren und kleineren Staaten wie Österreich und Ungarn oder des Stadtstaates Danzig dienten. Sobald sich jedoch Kontroversen ergaben, die direkte Interessen der größeren Siegermächte tangierten, liefen sowohl kriegerische Zusammenstöße als auch eventuelle Befriedungsversuche am Völkerbund vorbei. Weder der spanische Bürgerkrieg noch Italiens Aggression gegen Äthiopien oder Japans Expansion in Asien konnten vom Bund auch nur annähernd beeinflusst werden. Das chronische Vertrauensdefizit zeigte sich auch in der Fluktuation der Mitgliedschaft. Jedes Mal, wenn sich irgendein Land von der Genfer Liga nicht gut vertreten fühlte, verließ seine Delegation den Völkerbund: Japan und Deutschland 1933, Italien 1937, Spanien 1939.

1939 wurde die Sowjetunion wegen des Winterkriegs gegen Finnland von der Mitgliedschaft im Völkerbund ausgeschlossen – als wären die Bolschewiki die einzigen gewesen, die eine Sanktion dieser Art verdient hätten.

Bezeichnend war der reihenweise Austritt von südamerikanischen Republiken: Brasilien, Peru, Chile, Kuba, Costa Rica, Nicaragua. Offenbar hatten sich diese nach innen wenig stabilen Länder ursprünglich einen gewissen Schutz von Genf im Hinblick auf die US-amerikanische Expansion erwartet. Allem voran war und blieb der Völkerbund ein europäisches Projekt. Seine kontinentale Natur zeigte sich auch darin, dass die USA weder die Friedensverträge von Versailles ratifizierten noch Wilsons Völkerbund beitraten – die USA zog sich zurück. Die Alte Welt blieb mit ihren schlecht versorgten Wunden allein und musste als endgültiges Scheitern Deutschlands politische und militärische Auferstehung über sich ergehen lassen – ein Szenario, das sich niemand hätte vorstellen können. So weit war es aber im Jahr 1919 noch nicht. Zunächst galt es, das ungerechte Modell Versailles noch auf andere ehemalige Staaten der Mittelmächte anzuwenden.

Österreich – vom Imperium zum Kleinstaat

Als die Monarchie durch ihre Kriegserklärung an Serbien vom 28. Juli 1914 den Weltkrieg mit entfacht hatte, war sie als Staatengemeinschaft nur noch mit Ach und Krach zusammenzuhalten. Die militärische Niederlage bedeutete automatisch den Zerfall des k. u. k. Regimes. Ähnlich wie Deutschland klammerte sich auch Österreich an Wilsons 14 Punkte. Besonders Artikel 10, der eine Beibehaltung der Monarchie nicht ausschloss und den einzelnen Völkerschaften lediglich die „freieste autonome Entwicklung" versprach, erschien in Wien als Rettungsanker. Diese Illusion verflüchtigte sich sehr bald, als Wilson die Friedensbitte der Mittelmächte vom 4. Oktober 1918 beantwortete. Die US-Note, die durch schwedische Vermittlung am 21. Oktober in der Kaiserstadt eintraf, stellte klar, dass der Präsident „nicht mehr in der Lage ist, die bloße Autonomie der Völker als Grundlage des Friedens zu betrachten". Eine andere Antwort wäre auch unmöglich gewesen angesichts der Realitäten: Die Nationalräte, die auf dem Territorium Österreich-Ungarns wie Pilze aus dem Boden schossen, dachten nicht daran, sich unter die Ägide der Wiener Hofburg zu begeben. Die entstehende Tschechoslowakei, das neue Jugoslawien sowie Polen, aber auch kleinere Neubildungen schufen Fakten – Ungarns Loslösung war nur noch eine Frage von Tagen oder gar Stunden. Was übrig blieb, war ein Land von 83.000 km² mit 6,7 Millionen Einwohnern und einer überdimensionierten Hauptstadt, in der fast zwei Millionen Menschen lebten – mehr als in St. Petersburg. Als Lösung dieser geopolitischen Absurdität empfahl sich die möglichst rasche Vereinigung mit Deutschland.

Der Waffenstillstand in Padua vom 3. November 1918, der noch von Delegierten der k. u. k. Regierung signiert worden

Das Ende Österreich - Ungarns

1 : 8 500 000

0   100   200   300 km

- Hauptstadt
Österreich – Ungarns Grenzen 1914
Grenzen nach den Beschlüssen von Paris (1919/20)
übrige Grenzen 1914

Das ungarische Königreich 1914
Das österreichische Kaiserreich 1914
Bosnien und Herzegowina 1914

UNGARN   Staaten nach dem 1. Weltkrieg
16.11.1918 Datum der Unabhängigkeit der Staaten von Ö - U

DEUTSCHES REICH

DEUTSCHLAND

TSCHECHOSL
Prag •
28.10.19

Ö ST
München •
Wien •
Bratislava (Pressburg)

Salzburg
12.11.1918
Sopron
16.11.19

Bern •
Ö S T E R R E I C H
U N

SCHWEIZ

Tirol
U N G
ITALIEN
Ljubljana (Laibach)
Zagreb
Mailand •
Kroatien
Triest
Venedig
Fiume (Rijeka)

ITALIEN
Pula
4.12.1919
KÖNIGREICH D
SERBEN, KROA
SLOWENEN

Zara (it.)
Bos

A D R I A
Split
Mostar
Herzegovina

Karte Österreich-Ungarns nach dem Versailler Vertrag.

war, regelte lediglich militärische Fragen. Es ging um die Räumung aller von der k. u. k. Armee besetzten Gebiete Italiens und Dalmatiens, die Auslieferung von Kriegstechnik sowie die einseitige Freilassung von Kriegsgefangenen und internierten Bürgern der Westallianz. Das war ein klassischer Kapitulationsvertrag – durchaus vergleichbar mit dem Waffenstillstand von Compiégne. Eine noch wichtigere Parallele zu Deutschland bestand in der gleichzeitigen Staatskrise: Am 11. November fuhr eine parlamentarische Delegation nach Schönbrunn in Begleitung eines Notars. Sie nahm dort eine Erklärung entgegen, in der Kaiser Karl I. kundtat: „Ich verzichte auf jeden Anteil an den Staatsgeschäften." Dies war die Geburtsstunde des neuen Österreichs, das sich noch am selben Tag per Gesetz als „Demokratische Republik" definierte. Der nächste Tag, an dem die neue Staatsform ausgerufen und die neue Landesfahne am Parlamentsgebäude gehisst werden sollte, wurde für arbeitsfrei erklärt. Der einzige Haken fand sich in Artikel 2 des historischen Gründungsgesetzes: „Deutschösterreich ist ein Bestandteil der Deutschen Republik." Dass man hierüber keine vorherige Konsultation mit Deutschland geführt hatte, kann man mit Zeitdruck und freudiger Verbrüderungsstimmung erklären. Schwerwiegender war die Tatsache, dass auch die Kriegsgegner über die demokratisch gemeinte „großdeutsche Lösung" nicht unterrichtet worden waren.

Ein gutes halbes Jahr nach jenen euphorischen Tagen erhielt die Regierung des Staatskanzlers Karl Renner die Einladung des Obersten Rates der Alliierten in Paris zur Konferenz in Saint-Germain-en-Laye, einer Kleinstadt 20 km nördlich von Paris. Die Delegation bestand aus vierzig Personen: den Hauptdelegierten, zu denen der Staatskanzler selbst gehörte und auch Professor Heinrich Hammasch, bekennender Pazifist und Premier der letzten k. u. k. Regierung, des Weiteren Abgeordnete der wichtigsten Parteien sowie Sachverständige, außerdem Sekretariatspersonal und einige Familienmitglieder. Die Abordnung fuhr über Feldkirch, Buchs und Basel und erreichte nach zweitägiger Fahrt am 14. Mai um 18 Uhr den Zielort. Karl Renner wurde in der Villa des Starjournalisten Joseph Reinach, eines Freundes von Clemenceau, die anderen Delegierten und Mitglieder in nahe gelegenen Villen des Nobelviertels sowie kleinen Hotels untergebracht. Von diesem Augenblick an gestaltete sich der Aufenthalt nach dem Muster des Empfangs der deutschen Delegation, die erst eine Woche zuvor mit den ihr ausgehändigten katastrophalen Friedensbedingungen Versailles verlassen hatte. Die Wartezeit zwischen ihrer Ankunft und der Überreichung des Vertragsentwurfs dauerte für die Österreicher zwei Wochen, und auch sie litten unter strenger Isolation. Vor allem war den Siegern daran gelegen, jede Fühlungnahme der Gäste mit der Außenwelt zu verhindern. Als der deutsche Außenminister Brokdorff-Rantzau nach Saint- Germain reisen wollte, um seinen Wiener Kollegen zu treffen, wurde ihm dies von den französischen Behörden strikt untersagt.

Renners Delegation bekam keine Zeitungen aus Wien und war auf die französische Presse angewiesen. Die Pariser Blätter waren voller Spekulationen. Unter anderem ging das Gerücht um, dass es für Austria eine „goldene Brücke" geben könnte: Der Verzicht der Delegierten auf die Vereinigung mit Deutschland würde angeblich eine mildere Behandlung bezüglich der territorialen und finanziellen Kriegsfolgen nach sich ziehen. Gleichzeitig lasen die Österreicher Tag für Tag Berichte über das in tiefer Trauer versunkene Deutschland und konnten sich unschwer dasselbe Schicksal ausmalen. So wie die deutsche Delegation versuchten sie, mit einer Note den Vorgang zu beschleunigen. Sie befürchteten, dass das Verfahren in der bösen Absicht verlangsamt wurde, Deutsch-Österreich zu demütigen. „Es versteht sich von selbst", schrieb der Korrespondent der Neuen Freien Presse, „dass die durch das lange, fruchtlose Warten hervorgerufene nervöse Stimmung der Delegation, die in einer Note die Gefahren einer Verzögerung dargelegt hat, noch gesteigert wird". Auch wurde eine vorläufige Rückkehr nach Wien erwogen. In Wirklichkeit handelte es sich aber nicht um eine Verschwörung, sondern um die Schwerfälligkeit der Entente-Bürokratie. Auch am Tag der zeremoniellen Überreichung des Dokuments war dieses noch nicht fertig.

Schließlich war es soweit. Am 2. Juni 1919, noch vor 10 Uhr morgens, lesen wir in den wichtigsten Wiener Blättern: „vollzog sich im strahlenden Lichte eines wolkenlosen Herbsttages die Auffahrt der aus Paris kommenden Vertreter der alliierten und assoziierten Mächte. Um 10 Uhr kam die telefonische Meldung ins österreichische Quartier, dass alles bereit sei und die Entente-Delegierten ihre Plätze eingenommen haben." Als Karl Renner und seine Begleiter im sogenannten „Steinzeitsaal" des Schlosses Saint-Germain eintrafen, konnte die Zeremonie nicht sofort beginnen, denn Präsident Wilson kam mit Verspätung. Nachdem er zwischen Georges Clemenceau und George Lloyd Platz genommen hatte, entfaltete sich ein merkwürdiger Dialog.

CLEMENCEAU: „Meine Herren Bevollmächtigten der Österreichischen Republik! Die alliierten Mächte haben mich beauftragt, Ihnen den Entwurf des Friedensvertrags zu überreichen, der zwischen uns beraten worden ist. Allerdings ist es nicht der Gesamtentwurf, denn ich werde Vorbehalte in dieser Richtung zu machen haben, aber wenigstens die hauptsächlichen Teile, über welche Sie Ihre Beratungen beginnen können. Wenn Sie vor Ablauf der vierzehn Tage neue Bemerkungen oder Dokumente vorbringen, werden wir sie mit Vergnügen entgegennehmen. Aber innerhalb der Frist von vierzehn Tagen muss die vollständige Prüfung des Vertrags durchgeführt werden."

RENNER: „Die Donaumonarchie, mit der die alliierten Mächte sich im Kriege befunden haben, hat aufgehört zu existieren. (...) Von diesem Augenblick an gab es keinen Monarchen und keine Großmacht mehr, die hätte regieren können. Es gab keine Armee (...) Unsere Regierung hat sich wie alle anderen Staaten gebildet. Sie ist also so wenig wie diese die Nachfolgerin der alten Monarchie. Als ein Teil des besiegten und zerstörten Kaiserreichs erscheinen wir vor Ihnen, meine Herren. Wir sind durchaus bereit, unseren Teil der Verantwortlichkeit auf uns zu nehmen. Wir hoffen fest, dass das Gewissen der Menschheit unserem Volke nicht das Recht der freien Bestimmung verweigert, ein Recht, das die alliierten Mächte als das Ziel ihres Krieges gegen die habsburgischen und hohenzollernschen Monarchien erklärt haben."

Vergleicht man diesen Auszug der beiden Reden mit den Ansprachen zum Anlass der Zeremonie in Versailles, so fällt erstens auf, dass sich der französische Unterhändler nicht die Mühe gab, argumentativ oder rhetorisch vorzugehen – seine Worte bezogen sich allein auf Formalitäten. Zweitens sprach der Sozialdemokrat weniger emotional und pathetisch als der Graf und ging in seiner Höflichkeit so weit, dass er sich für die Lebensmittellieferungen der Alliierten bedankte, die sein Land vor der Hungersnot retteten. Der Gipfel seiner diplomatischen Kunst zeigte sich jedoch darin, dass er sein Plädoyer auf Französisch hielt. Damit erntete er sicher manchen Pluspunkt, obwohl dies an der Grundsituation ebenso wenig änderte wie seinerzeit das als „unhöflich" wahrgenommene Sitzenbleiben des deutschen Außenministers. Zudem machte seine galante Geste das Dolmetschen keineswegs überflüssig – britische und italienische Delegierte brauchten den Text auch in ihrer jeweiligen Muttersprache. Dadurch zog sich die Zeremonie ebenso wie in Versailles in die Länge – sie war erst um 13 Uhr 15 abgeschlossen. Nach den beiden Ansprachen erfolgte die Überreichung des in Leder gebundenen Buches mit den 300 Seiten des Friedensentwurfs in englischer, französischer und italienischer Sprache. Eine erste deutsche Übersetzung mussten die Delegierten auf dem Rückweg nach Wien zustande bringen.

Der Vertrag, dessen Einzelheiten nach und nach die Öffentlichkeit erreichten, ähnelte dem Versailler Verdikt – ganze Passagen waren wörtlich übernommen worden. Allerdings formulierten die Sieger ihre Bedingungen mit Rücksicht auf Österreichs verbliebene Größe und desolate Gesamtsituation. Diese Einsicht äußerte sich hauptsächlich in der Reparationsfrage. Allerdings enthielten die entsprechenden Punkte die gleichen Formulierungen wie im Versailler Vertrag, nur die Bezeichnung des Subjekts klang anders. „Die Alliierten und Assoziierten Regierungen erklären und Österreich erkennt an, dass Österreich und seine Verbündeten als Urheber für die Verluste und Schäden verantwortlich sind, die die Alliierten und Assoziierten Regierungen und ihre Staatsangehörigen infolge des ihnen durch den Angriff Österreich-Ungarns und seiner Verbündeten aufgezwungenen Krieges erlitten haben." In einem anderen Artikel wird auch die direkte und zweifelsfreie Kriegsverantwortung der Monarchie durch die Kriegserklärung an Serbien vom 28. Juli 1914 angesprochen. Eine exakte Zahlungssumme oder Rate wurde jedoch nicht genannt. Die Reparationsangelegenheiten wurden einem noch zu bildenden „Wiedergutmachungsausschuss" überantwortet. Auch die militärischen Punkte waren auf den Kleinstaat zugeschnitten: Die Republik durfte eine Armee von 30.000 Soldaten und Offizieren beibehalten, sollte die Waffenproduktion zerstören und die allgemeine Wehrpflicht abschaffen.

Die empfindlichsten Artikel betrafen die territorialen Bedingungen, obwohl sie mancherorts nur die bereits real existierende Lage bestätigten. Der deutschösterreichische Staat als Nachfolger der Monarchie musste auf folgende Gebiete zugunsten anderer Staaten verzichten: Böhmen, Mähren, Galizien, Südtirol, Dalmatien, Österreichisch-Schlesien, die Bukowina sowie auf Teile von Kärnten und der Steiermark. Als einziger Gewinn verblieb der Republik Deutsch-Westungarn unter dem Namen Burgenland, aber der Traum, Ödenburg (Sopron) zur Hauptstadt des Burgenlands zu küren, scheiterte am Widerstand Ungarns und am Veto Italiens. Außerhalb der in Saint-Germain fixierten Grenzen der Republik verblieben Millionen ehemaliger österreichischer Bürger als Minderheit – allein in Mähren waren es 700.000 gemäß der Volkszählung von 1910. Bei den für den 16. Februar 1919 ausgeschriebenen Wahlen zur Konstituierenden Nationalversammlung rechnete man noch auf die Stimmen der Deutschböhmen und Deutschmähren, die allerdings zu dieser Zeit bereits als Staatsbürger der Tschechoslowakischen Republik galten.

Eher in den Bereich der Kuriosa gehört Artikel 226 des Vertrags: „Österreich verpflichtet sich, Gewerbeerzeugnisse einer jeden alliierten oder assoziierten Macht gegen jede Art vor unlauterem Wettbewerb in Handelsverträgen zu schützen." Es sei auch zu verbieten, „irgendwelche Marken, Namen, Aufschriften oder Zeichen zu tragen, die unmittelbar oder mittelbar falsche Angaben über Ursprung, Gattung, Art oder charakteristische Eigenschaften dieser Erzeugnisse oder Waren darstellen." Dieses aus dem Versailler Vertrag (Artikel 274) übernommene Verbot, das die Sieger auch in den Vertrag mit Ungarn einbauten, wurde allgemein als rein französische Idee interpretiert. Es erhielt die spöttische Bezeichnung „Champagnerparagraph". Dementsprechend durfte kein in Deutschland, Österreich oder Ungarn produzierter Schaumwein diesen französischen Namen tragen. Kein noch so feines Weinbrandprodukt verdiente den Namen Cognac. Offenbar hing die Forderung mit dem schlechten Stand der französischen Getränkeproduzenten zusammen, die einerseits unter den Zerstörungen der Weinbaugebiete litten, andererseits an der kriegsbedingten Beschränkung des Exports. Der Anspruch war also gerecht, wenn auch nicht unbedingt friedensfördernd. Jedenfalls trat die Weimarer Republik 1922 dem Madrider Abkommen für Markenschutz bei, dem die österreich-ungarische Monarchie schon seit 1909 angehörte. Nun mussten sich die Winzer und Schnapsbrenner im Alpenland auf andere Bezeichnungen umstellen – auf Vöslauer Schaumwein und Wachauer Marillenbrand.

War für Deutschland im Versailler Vertrag die pauschale Schuldzuweisung am Krieg und dementsprechend deren Verknüpfung zur Reparation schmachvoll und verletzend, so erwies sich für Österreich die Tabuisierung des Anschlusses an Deutschland als das traurigste Thema. Indes klang die Formulierung des Artikels 88 nicht besonders kategorisch: „Die Unabhängigkeit Österreichs ist unabänderlich, es sei denn, dass der Rat des Völkerbundes einer Abänderung zustimmt. Daher übernimmt Österreich die Verpflichtung, sich außer mit Zustimmung des gedachten Rates jeder Handlung zu enthalten, die mittelbar oder unmittelbar oder auf irgendwelchem

Wege, namentlich – bis zu seiner Zulassung als Mitglied des Völkerbundes – im Wege der Teilnahme an den Angelegenheiten einer anderen Macht seine Unabhängigkeit gefährden könnte." Selbst die Änderung des Staatsnamens wurde nicht offen erzwungen, sondern es wurde in positiver Form der Vorschlag formuliert, die Ratifizierung, deren Zeitpunkt im Friedensvertrag auf den 21. Oktober 1919 festgesetzt worden war, bereits im Namen der „Republik Österreich" zu vollziehen. Dennoch fiel der neuen Elite der Abschied von der symbolischen Personalunion mit Deutschland schwer. Der Austromarxist Karl Renner, der außer über politische und publizistische Fähigkeiten auch über musische Neigungen verfügte, schrieb zu dem traurigen Anlass ein Gedicht, das in der Vertonung von Wilhelm Kienz einige Jahre lang als Hymne der Republik Österreich fungierte:

Deutschösterreich, du Bergländerbund, wir lieben dich!
Frei durch die Tat und vereint durch Wahl,
Eins durch Geschick und durch Blut zumal.
Einig auf ewig, Ostalpenlande!
Treu unserm Volkstum, treu dem Verbande!
Friede dem Freund, doch dem Feinde, der droht,
Wehrhaften Trotz in Kampf und Not!
Du Bergländerbund, unser Ostalpenbund,
Wir lieben dich, wir schirmen dich.

Dennoch fiel die Reaktion der Öffentlichkeit auf den Frieden von St. Germain weniger leidenschaftlich als die der Deutschen aus. Als die Nationalversammlung am 11. September den Vertrag von St. Germain mit 97 gegen 28 Stimmen angenommen hatte, bewegte dies die Stimmung auf der Straße kaum. Das war so auffällig, dass selbst die sozialdemokratische seriöse „Arbeiter-Zeitung" der Nation erbittert vorwarf: „Die Gleichgültigkeit, mit der die Bevölkerung die Sache aufnimmt, ist geradezu niederschmetternd; am Sonntag lasen die Menschen die Reden in der Nationalversammlung – haben ihnen die schmerzlichen Klagerufe die Feiertagsstimmung gestört? Dass heute der Friedensvertrag unterzeichnet wurde, ein Vertrag, der unsere Staatlichkeit verstümmelt, unsere Selbstbestimmung vernichtet und in dessen wirtschaftlichen und finanziellen Bestimmungen auch das Geschick jeden Einzelnen beschlossen ist, hat die Herzen nicht bewegt? Die Regierung hätte verordnen können, dass wenigstens an dem Tag der Unterzeichnung der peinigende Lärm des Vergnügens innehalten möge."

Offenbar hatte der Leitartikler nicht verstanden, dass die Bevölkerung nicht nur vom Krieg, sondern nunmehr auch vom Frieden müde war – einem Frieden, dessen Dauerhaftigkeit kein europäischer Politiker garantieren konnte. Die Republik stand vor einem langen Weg innerer Unruhen, des Ständestaats, des erzwungenen Anschlusses an Hitlerdeutschland und eines weiteren Krieges. Auf ein historisches Happy End – den Staatsvertrag und eine Neutralität ohne Deutschland – musste das Land noch bis zum Mai 1955 warten.

Das Parlamentsgebäude in Sofia, Bulgarien.

Bulgarien – Erniedrigung eines Außenseiters

Als das besiegte Bulgarien am 10. Juli 1919 den Friedensvertrags-Entwurf der alliierten und assoziierten Mächte und eine Einladung nach Neuilly-sur-Seine erhielt, bedeutete dieser diplomatische Akt nicht nur den Abschluss des Kriegszustands mit den aktuellen Gegnern, sondern auch den Ausklang eines zyklischen Krieges, den das kleine Balkanland seit 1912 gegen unterschiedliche Beteiligte und mit wechselhaftem Glück geführt hatte. Hauptfeind der von Russland geförderten Koalition zwischen Serbien, Bulgarien, Montenegro und Griechenland war das Osmanische Reich – ein Feindbild, das in die gemeinsame christliche Tradition der Beteiligten genau hineinpasste. Nach einer eindeutigen militärischen Niederlage verloren die Osmanen all ihre europäischen Besitztümer bis auf Istanbul und Umgebung. Bulgarien gehörte potentiell zu den größten Gewinnern: Ihm sollte Mazedonien, Thrakien und der Zugang zum Ägäischen Meer gewährt werden. Als sich aber herausstellte, dass es in der antiosmanischen Koalition keinen Konsens über die Verteilung der Beute gab, griff Sofia ohne Kriegserklärung Serbien und Griechenland an. Dieser völlig verfehlte Schritt hatte zum Ergebnis, dass Bulgarien nicht nur diese beiden Staaten gegen sich aufbrachte, sondern auch Montenegro und später Rumänien. Der frühere gemeinsame Feind, das Osmanische Reich, fühlte sich ebenfalls berufen, sich in die Kriegshandlungen einzumischen. Im Ergebnis verlor Bulgarien nicht nur die erträumten Gebiete, sondern auch die Kornkammer Süd-Dobrudscha, die nun Rumänien zufiel. Diese Niederlage wird in der nationalen Erinnerung bis heute als „die erste Katastrophe" rezipiert. Selbstverständlich wurden diese blutigen Auseinandersetzungen von den Großmächten als Teil ihrer Kriegspolitik mit befördert.

Die kleinen südosteuropäischen Staaten erlebten den Startschuss von Sarajewo als eine besondere Herausforderung. Es waren zumeist Agrarländer mit unterentwickelter Infrastruktur, weit verbreitetem Analphabetismus, einer dünnen politischen und geistigen Elite, aber mit einem starken Nationalgefühl. Ihre aus deutschen Fürstenhäusern importierten Monarchen – in Bulgarien aus dem Haus Sachsen-Coburg und Gotha, in Rumänien aus der Dynastie Hohenzollern-Sigmaringen, in Griechenland aus der Familie Schleswig-Holstein-Sonderburg-Glücksburg – wussten wohl, dass sie keinen Einfluss auf die Politik der Großen ausüben konnten und suchten die Chance, aus den dramatischen Ereignissen wenn schon nicht als Gewinner, dann wenigstens nicht als Verlierer herauszukommen. Ihr erster Impuls war die Erklärung der Neutralität, aber je länger das Kriegsgeschehen währte, umso weniger waren sie imstande, den Verführungen der beiden Kriegsallianzen zu widerstehen. Italiens Frontwechsel im Mai 1915 machte Schule. Der eifrigste Nachahmer war Bulgarien, das sich im Oktober 1915 auf die Seite der Mittelmächte schlug, indem es Serbien den Krieg erklärte.

Ferdinand I. von Sachsen-Coburg und Gotha, der 1887 als Fürst und 1908 als Zar Bulgariens von der Narodno Sobranie, der Sofioter Nationalversammlung, zum gekrönten Haupt erkoren worden war, tat alles, um sich in seiner Wahlheimat beliebt zu machen. Er lernte die Landessprache und ließ sogar, obwohl selber katholisch, seinen Sohn Boris den Thronfolger, nach orthodoxem Ritus taufen – Taufpate war kein anderer als der russische Imperator Nikolaus II. 1907 weihte Ferdinand das Reiterdenkmal des „Befreier-Zaren" Alexander II. in Sofia ein – dies war ein Akt der Dankbarkeit gegenüber Russland, dessen Sieg am Schipkapass 1878 die „bulgarische Wiedergeburt", die Staatsgründung ermöglicht hatte. Jedenfalls wusste der Coburger, den der großzügige Pate bei manchen Engpässen aus seiner Privatkasse finanzierte, dass Russophilie ein fester Bestandteil der Seele seines Volkes war. Ebenso weit verbreitet war die Türkenfeindlichkeit und der Traum vom vorosmanischen großbulgarischen Reich. Nun hatte die kleine Monarchie die Wahl zwischen der Entente und den Mittelmächten – und wer von beiden am Ende Sieger sein würde, war noch längst nicht entschieden. Sowohl die eine als auch die andere Koalition warb um Bulgariens Gunst. Beide operierten mit Gebietsversprechen – allerdings war die Entente nicht in der Lage, Mazedonien an Bulgarien zu schenken. Denn Mazedonien war ein Landesteil seines Verbündeten Serbien. Somit stellte sich für Bulgarien die Frage, welches Gefühl stärker war – die Liebe zu Russland oder der Hass auf Serbien.

Der militärische Zusammenbruch und der Waffenstillstand von Saloniki lösten in Bulgarien eine innenpolitische Krise aus. Führende Politiker optierten für eine Lösung, die bereits Ende Februar 1917 in Russland versucht worden war – Sturz des Monarchen, um die Monarchie zu retten. Während jedoch die Abdankung des Zaren Nikolaus zugunsten seines minderjährigen Sohns Alexej keine diesbezügliche Lösungsoption war und die Zarenfamilie bis zu ihrer Ermordung durch die Bolschewiki Geisel der Revolution blieb, erwies sich die bulgarische Variante als praktikabel. Als das Manifest Ferdinands I. – Abdankung zugunsten seines Sohnes Boris – in der Nationalversammlung am 4. Oktober 1918 verlesen wurde, saß der bulgarische Zar samt seiner Entourage und nicht ohne Vermögen bereits im Sonderzug.

Als die vom Ministerpräsidenten Aleksander Stambolijski geleitete Delegation am 25. November 1919 im Festsaal des Hotels de Ville den Vertrag von Neuilly-sur-Seine unterzeichnete, gehörte dieses Ereignis nicht gerade zu den spektakulären Nachrichten der Weltpresse. Auch die harten Bedingungen lösten kein besonderes Mitleid bei der Weltöffentlichkeit aus. 10.000 Quadratkilometer Gebietsverlust, mehr als zwei Milliarden Goldfranken als Reparationszahlung, Verkleinerung des Heeres auf 20.000 Soldaten und Offiziere – das waren keine Zahlen, die nach dem Versailler Frieden desselben Jahres

Vertrag von Neuilly-sur-Seine.

jemanden außer der direkt Betroffenen beeindrucken konnten. Obendrein war Bulgarien das einzige Verliererland, dessen staatliche Einrichtungen trotz des militärischen Kollapses, trotz des politischen Chaos und des wirtschaftlichen Elends unangetastet blieben. Allerdings brachte der als „zweite Katastrophe" wahrgenommene Frieden dem Land keine Ruhe.

Vor allem die Bewegung WMRO (Innere Mazedonische Revolutionäre Organisation) sowie freikorpsartige Militärgruppen wollten die Realität der Nachkriegsordnung nicht akzeptieren. In ihren Augen trug Ministerpräsident Aleksandar Stambolijski die Schuld. Der Bauernvolksbund strebte mit parlamentarischer Mehrheit eine Versöhnung mit Jugoslawien an, um sein Projekt einer Bodenreform ungestört verwirklichen zu können. Während eines Putsches seines rechtsgerichteten Kontrahenten Alexander Zankow wurde Stambolijski in der Nähe seines Heimatdorfes gefangen genommen und bestialisch getötet. Die Bluttat wurde mit einer archaischen Geste vollendet: Die Mörder hackten Stambolijskis rechte Hand ab, mit der er den Frieden von Neuilly-sur-Seine unterzeichnet hatte, und schickten sie nach Sofia. Mit diesem Bauernführer verschwand ein großes politisches Naturtalent von der Bildfläche, das sich unter anderem durch nüchterne Urteilskraft ausgezeichnet hatte.

Bulgarien litt unter Krieg und Frieden gleichermaßen. Als kleines von seinen großen Nachbarn verachtetes und erniedrigtes Land verfiel Bulgarien einem historischen Trauma, das später selbst die Herauslösung aus dem sozialistischen Lager nicht ganz kurieren konnte, wie die Lyrikerin Zhivka Baltadschijewa in ihrem bitter-ironischen Gedicht „Kurze Geschichte Bulgariens" schrieb: „Wir heilen uns, fortwährend heilen wir uns./ Wir sind geheilt von der Byzanzzeit,/ geheilt von der Ottomanenzeit,/ geheilt von der Russenzeit,/ von der Faschistenzeit,/ von der Kommunistenzeit...". Ob dem Land die „EU-Zeit" endlich äußeren und inneren Frieden bringen wird, hängt davon ab, ob es in der Lage ist, ein nüchternes und modernes Nationalbewusstsein zu entwickeln.

Das ungarische Parlamentsgebäude in Budapest, 2016.

Ungarn – die permanente Trauer

Als das Königreich Ungarn am 31. Oktober 1918 sein Ausscheiden aus der ohnehin zerfallenen Monarchie erklärte, war der geografische Zustand des Landes nicht viel anders. Dies wurde später am 4. Juni 1920 im Frieden von Trianon festgeschrieben. Kroatien, Slowenien und die Slowakei befanden sich auf dem Wege zur Souveränität, zur Integration in die beiden von der Entente unterstützten Staatenbildungen: das Königreich Jugoslawien und die Republik Tschechoslowakei. Siebenbürgen stand der sprungbereiten rumänischen Armee ausgeliefert gegenüber. Obwohl der Waffenstillstand von Padua am 3. November noch im Namen der gemeinsamen Österreich-Ungarischen Armee signiert worden war, musste die durch die bürgerlich-demokratische „Asternrevolution" an die Macht gekommene Regierung des Grafen Michael Károlyi bereits als neues Rechtssubjekt auftreten. Die hieraus folgenden Ereignisse, namentlich die Ausrufung der Volksrepublik am 16. November, die Abdankung von Károlyis „Volksregierung" am 20. März 1919 samt Überlassung der Macht an die Kommunisten und Sozialisten, dann die 133 Tage der Räterepublik von Béla Kun mit ihrem roten Terror und der darauf folgenden Gegenrevolution mit dem weißen Terror ermöglichten der Entente höchstens kurze Waffenpausen, aber mangels stabiler Verhandlungspartner keine Friedensregelung.

Károlyis moralisches Kapital schöpfte er aus seiner Kriegsgegnerschaft und Opposition sowohl gegenüber der konservativen Regierung des Grafen István Tisza als auch der von Deutschland dominierten österreichischen Soldateska. Ende Oktober 1918 galt er als Hoffnungsträger Nr. 1 und glaubte auch offenbar an seine historische Sendung. Er wollte einen annehmbaren Frieden mit den Alliierten im Sinne von Wilsons

Prinzipien erreichen und die Nationalitäten der ehemaligen Monarchie von den Vorteilen eines Zusammengehens mit dem künftig demokratischen Ungarn überzeugen. Als vertrauensbildende Maßnahme ließ er am 1. November die Waffen niederlegen, wozu sein Verteidigungsminister Béla Lindner, ehemals Artillerieoberst im k. u. k. Generalstab, die nicht besonders kluge Äußerung von sich gab: „Ich will keine Soldaten mehr sehen". Dieser Spruch, der ihn noch postum neben Károlyi als vermeintlich feigen Pazifisten zum Buhmann der ungarischen Dolchstoßlegende werden ließ, kann jedoch auch anders interpretiert werden. Jedenfalls versuchte Lindner im Nachhinein seine Erklärung plausibel zu machen: „Wenn die Revolutionsregierung in jenen Stunden den Soldaten gesagt hätte, es war richtig, dass ihr die Revolution gemacht habt, jetzt aber geht wieder in die Kasernen, schultert die Waffen und seid wieder Soldaten, dann hätten auch wir Kerenskijs Schicksal geteilt."

„Kerenskis Schicksal" ereilte aber die „Asternrevolution" ohnehin. Als sich Károlyi höchstpersönlich nach Belgrad begab, um mit General Franchet d'Espèrey, dem dortigen Vertreter der Alliierten, einen ungarischen Waffenstillstand auszuhandeln, zeigte man ihm die kalte Schulter. „In diesem Krieg marschierten die Ungarn gemeinsam mit den Deutschen, sie müssen auch gemeinsam büßen und bezahlen", sagte der Haudegen. Auf die Erwähnung von Wilsons 14 Punkten reagierte er nur mit einer müden Handbewegung. Die am 13. November unterzeichnete militärische Konvention Belgrads manifestierte eine Demarkationslinie, die eine Räumung mehrheitlich ungarisch bewohnter Gebiete vorsah. Da jedoch der Waffenstillstand lediglich die südlichen und südöstlichen Grenzgebiete betraf, verblieb zunächst die vage Hoffnung, territoriale Fragen gütlicher lösen zu können. Diese vermeintliche Chance versuchte Oszkár Jászi, Minister für Nationalitäten, zu nutzen, um einen Kompromiss mit der Slowakei, mit Kroatien und Rumänien zu erreichen und deren Expansionsbestrebungen, die auf Ungarns Kosten gehen sollten, einzudämmen. Der angesehene Sozialwissenschaftler Jászi, Gegner des ungarischen Chauvinismus und Befürworter Ungarns als „Schweiz des Ostens", wollte auf dem Verhandlungsweg wenigstens den Status quo retten. Doch es war zu spät – keine frühere nationale Minderheit war bereit, ihr Schicksal weiterhin an den Verlierer Ungarn zu binden, und auch die Entente ermunterte eher zur separaten Staatengründung. Am 1. Dezember 1918 deklarierte die rumänische Nationalversammlung in Alba Julia die Vereinigung mit Siebenbürgen. Dieses Datum gilt in Rumänien als Nationalfeiertag.

Indessen rang der „ungarische Kerenskij", wie Lenin Károlyi nannte, mit den zahllosen unbewältigten Problemen seiner armen Volksrepublik: Elend, Hunger, Epidemien, Inflation und beginnende Auflösung der lokalen Verwaltungen. Ende November wurde von revolutionären Sozialisten und linksradikal gesinnten, aus Russland zurückkehrenden ehemaligen Kriegsgefangenen die Kommunistische Partei gegründet, die nach russischem Muster über Arbeiter- und Soldatenräte die Machtübernahme vorbereitete. Auf der anderen Seite formierten sich rechtsradikale und militärische Kreise, die das Ancien Régime restaurieren wollten – sei es auch in engeren Grenzen und ohne Österreich. Der Graf wollte gegen beide Extreme vorgehen, ließ sogar die Kommunistenführer einsperren, weigerte sich jedoch die Rolle des Bluthunds auf sich zu nehmen. Mitten in dieser tiefsten Krise schlug am 20. März 1919 die Note von Unteroberst Fernand Wix ein, Leiter der Entente-Mission. Sie beinhaltete eine Demarkationslinie an der östlichen Landesgrenze zwischen Debrecen und Szeged unter Beteiligung französischer Armee-Einheiten und, was noch brutaler klang, die Beteiligung des königlich-rumänischen Heeres an der Sicherung der auf diese Weise geschaffenen Gebietslage. Weder die bürgerliche Regierung noch Präsident Károlyi sahen sich imstande, solche Bedingungen anzunehmen.

Nach der Abdankung des Kabinetts beauftragte Károlyi die Sozialdemokratische Partei mit der Bildung einer Regierung. Diese wollte jedoch keineswegs die alleinige Verantwortung übernehmen. Nach einer gemeinsamen Sitzung des

Parteivorstands und des Gewerkschaftsrates besuchte eine Delegation die kommunistischen Führer direkt im Sammelgefängnis und schlug ihnen eine Koalition vor. Die beiden Parteien vereinigten sich und riefen am 21. März die Räterepublik als proletarische Diktatur aus. Alle Hoffnungen ruhten auf Lenin, mit dem der Direktkontakt über den Rundfunk hergestellt worden war.

Anders als Károlyis Verteidigungsminister wollte Ungarn durchaus Soldaten sehen. Ihr größter Erfolg bestand in der Aufstellung einer 200.000 Mann starken Armee, die an der rumänischen und noch mehr an der tschechischen Front die Gegner zu stoppen vermochte. In der Führung dieses Heeres waren begabte Offiziere der k. u. k. Armee und des Generalstabs vertreten, wobei die meisten von ihnen den Bolschewismus höchstens als Übergangsphase zur Selbstverteidigung des Landes akzeptierten. Trotz der beachtlichen Erfolge litt die Rote Armee an der Schwäche des Hinterlands mit seinen chaotischen Verhältnissen, an dem passiven, mancherorts auch aktiven Widerstand der Bauernschaft, die vergeblich auf eine Bodenreform wartete und auch die Religionsfeindlichkeit der neuen Machthaber schlecht ertrug.

Der eigentliche Missgriff lag jedoch in der Einschätzung der internationalen Chancen: Weder brach die Weltrevolution aus, noch war die russische Rote Armee in der Lage, die Karpaten zu erreichen. Zur gleichen Zeit erhielt die Räteregierung am 13. Juni eine Note von Clemenceau, in der dieser einerseits die Räumung des Oberlandes (Košice, Prešov, Lučenec) unter anderem von der ungarischen Roten Armee forderte, andererseits den Rückzug der Rumänen, die bereits bei Szolnok an der Theiss standen, in Aussicht stellte. Béla Kun verstand die französische Note irrtümlich als Quasi-Anerkennung der Kommune und ließ trotz des Protestes seiner Militärs den Vormarsch im Norden stoppen. Der erzwungene Rückmarsch demoralisierte die Armee und der militärische Zusammenbruch ging mit dem politischen Kollaps einher. Anfang Juni dankte die Räteregierung ab. Viele ihrer Führer flohen nach Wien. Die rumänische Armee zog am 3. August in die ungarische Hauptstadt ein. Obwohl sie nach der Wiederherstellung der Ordnung von der Entente zurückbeordert wurde, verlief von April bis August 1919 zwischen den beiden Ländern ein „Krieg im Kriege", der mit Ungarns vernichtender Niederlage endete. Parallel dazu besetzten die tschechischen Truppen das ehemals ungarische Oberland, das nunmehr zu der mit Prag konföderierten Slowakei gehörte. All dies geschah, wohlgemerkt, ein Jahr vor dem eigentlichen Friedensschluss.

Erst die christlich-nationale Regierung von Károly Huszár erweckte bei der Entente genügend Vertrauen, um die eingeübte Prozedur zur Übernahme der Friedensbedingungen im Dezember 1919 zu veranlassen. Die Delegation, die am 7. Januar 1920 in Paris eintraf, wurde geleitet von dem Senior-Politiker Albert Graf Apponyi, einem gebildeten und polyglotten Mann, dessen Stärke jedoch eher in der Redekunst lag – ein Mensch der Vorkriegszeit mit beinahe prophetischem Glauben an die ungarische Suprematie. Für praktische Fragen standen ihm zwei spätere Regierungschefs zur Seite, der geschickte Unterhändler István Graf Bethlen und der Politiker und Geograf Pál Graf Teleki – beide Sprösslinge aus dem transsilvanischen Adel. Ähnlich wie die bulgarischen Delegierten des Vorjahres wurden sie in Neuilly-sur-Seine untergebracht. Ihre Bewegungsfreiheit beschränkte sich auf Neuilly und den Bois de Boulogne. In der französischen Hauptstadt erschienen sie am 15. Januar, um den Vertragsentwurf zu übernehmen. Graf Apponyi durfte am nächsten Tag im Roten Salon am Quai d'Orsay den ungarischen Standpunkt erörtern.

Diese mehr als zweistündige Ansprache des Grafen, bei der er zwischen den drei Sprachen der Alliierten abwechselte, sorgte für erhöhtes Interesse. Das war ein Plädoyer, dessen Hauptargument in der geografischen Untrennbarkeit des Landes sowie in der Behauptung kulminierte, dass die Zerstückelung Ungarns „der Übertragung der nationalen Hegemonie auf Rassen [nach damaligem Sprachgebrauch Nationen] gleichkäme, die auf einem niedrigeren kulturellen Niveau stehen".

Das rhetorische Bravourstück mitsamt der zweifelhaften und für die Nachbarvölker beleidigenden Begründung änderte an der Position der Sieger ebenso wenig wie die vom Grafen Teleki beigebrachte Karte, die ungarisch bewohnte Gebiete rotgefärbt demonstrierte. Der „Entwurf" der Alliierten war eigentlich längst fertiggestellt mit allen Versatzstücken des Versailler Modells: Völkerbundstatut, Schuldzuweisung, Grenzbestimmungen, Reduzierung des Militärs und Reparationen. Lediglich die Zahlen und die geografischen Bezeichnungen waren dem Land angepasst. Demnach sollte Ungarn Gebiete an die Tschechoslowakei, Jugoslawien, Rumänien und sogar an den Mitverlierer Österreich abgeben – insgesamt 60 Prozent seines Vorkriegsterritoriums mit 30 Prozent der ehemaligen Bevölkerung.

Sobald die Friedensbedingungen die ungarische Öffentlichkeit erreicht hatten, verordnete die Regierung Staatstrauer: diese wurde von der Bevölkerung mitgetragen – nicht zuletzt

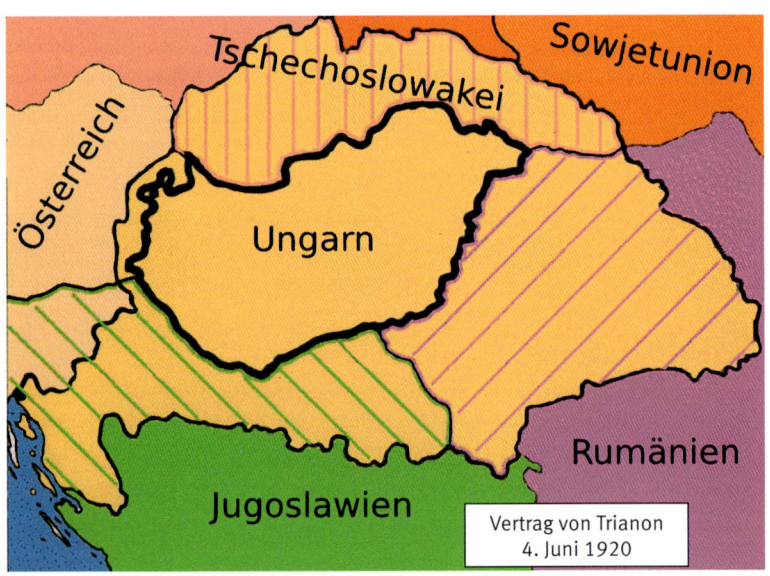

Ungarn nach dem Vertrag von Trianon.

deshalb, weil die neuen Grenzen Hunderttausende Familien voneinander trennten. Im Zentrum der emotionalen Reaktionen standen, ähnlich wie im Falle Bulgariens, die verlorenen Gebiete samt ihrer historischen Konnotation – zum Ausland wurden der ehemalige Landtagssitz Bratislava (Pozsony), die Geburtsstadt Cluj (Kolozsvár) des nationalen Königs Matthias Hunyadi, die Ruhestätte des „regierenden Fürsten" Ferenc Rákóczi in Košice (Kassa) und als ganze historische Regionen Siebenbürgen (Erdély) und das Seklerland (Székelyföld). Als Sammelbegriff für die enormen Verluste diente das Wort „Trianon", das Schloss, in dessen Galerie des Cotelles am 7. Juni 1920 der Vertrag unterzeichnet wurde. Obwohl im November die Nationalversammlung dem Friedensschluss einhellig zustimmte, war damit kein Ruhepunkt erreicht. Die Abstimmung galt als Geburtsstunde des Revisionsgedankens – des Kitts, mit dem die Gesellschaft jenseits der ihr innewohnenden Konflikte zusammengehalten werden sollte. Nach dem Muster des deutschen Protestslogans „Nein, nein und nochmals nein!" entstand die Losung „Nem! Nem! Soha!" (Nein! Nein! Niemals!), sowie das Reimpaar „Rumpfungarn ist kein Reich – Großungarn ist das Himmelreich". Schließlich gewann bei einer Ausschreibung der „Liga zum Gebietsschutz" das Kurzgebet der Lyrikerin Szeréna Sziklay:

„Ich glaube an einen Gott, an eine Heimat,
Ich glaube an die unendliche göttliche Wahrheit,
Ich glaube an die Auferstehung Ungarns!"

Diese drei Zeilen wurden in jeder Schule des Landes vor dem Unterricht im Chor aufgesagt und damit als Revanchismus-Credo sakralisiert.

Wie verständlich auch der Wunsch nach Gerechtigkeit war, so führte doch der Irredentismus als Dreh- und Angelpunkt der Politik in der halbfeudal-autoritären *Ära Horthy* das Land in eine Sackgasse. Innere politische und soziale Probleme wurden „Trianon" in die Schuhe geschoben. Längst fällige

Reformen wurden vernachlässigt. Auch die ungarische „Dolchstoßlegende" schlug sich im Hass auf die Sündenböcke und im offiziellen Antisemitismus nieder. Außenpolitisch geriet Ungarn zunehmend in das Lager des Verlierers Deutschland und des enttäuschten Siegers Italien. Als diese mit den Wiener Schiedssprüchen von 1938 und 1940 die Rückgabe einiger durch Trianon abgetrennter Gebiete an Ungarn durchsetzten, namentlich das Oberland und Nordsiebenbürgen – auf Kosten Rumäniens und der aufgelösten CSR, war durch diese „Großzügigkeit" Horthys Königreich noch stärker an die „Achse" gebunden. Nach dem Zweiten Weltkrieg fand Ungarn sich erneut im Lager der Verlierer wieder. Die Niederlage führte direkt zum Pariser Frieden 1947 – geografisch eine Kopie des Vertrags von 1920.

Zur Nachgeschichte gehört die Tatsache, dass die unter sowjetischer Vorherrschaft gegründete Volksrepublik Ungarn nun als Mitglied des Warschauer Vertrags die früheren Gegner im Sinne des „proletarischen Internationalismus" als Brudernationen akzeptieren musste. Hingegen durfte der mit seiner „Unabhängigkeit" kokettierende rumänische Diktator Nicolae Ceaușescu in seiner Rede vom 1. Dezember 1983 mit dem Titel „Zum 65. Jahrestag der Schaffung des einheitlichen rumänischen Nationalstaats" wie folgt argumentieren: „Die Vereinigung [Rumäniens mit Siebenbürgen] war kein Resultat des Friedensvertrags von Trianon. Die Vereinigung wurde durch den gemeinsamen Kampf der siebenbürgischen und rumänischen Volksmassen bereits 1918 entschieden und verwirklicht. Der Friedensvertrag von Trianon musste die durch den Kampf der ganzen rumänischen Nation erreichte Realität anerkennen."

Leider können wir selbst dreißig Jahre nach der demokratischen Wende in Ostmitteleuropa über keine wirkliche Beruhigung sprechen. Obwohl eine Rückkehr zu den Zuständen vor den beiden Weltkriegen nicht mehr möglich ist, wird das Trauma als Teil des pessimistischen, selbstmitleidigen Nationalbewusstseins der Ungarn immer wieder neu politisiert.

Osmanisches Reich/Türkei – von Sévres bis Lausanne

Spricht man bei Bulgarien vom Ende eines zyklischen Krieges, dann trifft diese Bezeichnung für das Osmanische Reich in erhöhtem Maße zu. Bereits durch den Krimkrieg 1853–56 und den russisch-türkischen Krieg 1877/78 wurde das Sultanat zunehmend in Konfrontationen außerhalb seines engeren Bereichs hineingezogen, wobei die Zeitspannen zwischen den Waffengängen immer kürzer wurden. Im September 1911 erklärte Italien dem Osmanischen Reich den Krieg, um Libyen unter seine Herrschaft zu bringen, was ihm auch gelang. Noch wüteten die Kämpfe in Nordafrika, als der Balkanbund im Oktober 1912 Istanbul den Krieg erklärte, der den Verlust der europäischen Gebiete der osmanischen Seite besiegelte. An dieser Situation änderte auch der zweite Balkankrieg wenig. Es muss nicht eigens betont werden, dass diese opferreichen Auseinandersetzungen mehr oder weniger diskret von den europäischen Großmächten manipuliert wurden, die dem „kranken Mann am Bosporus" nicht viel Überlebenszeit gönnen wollten.

Das Osmanische Reich war ein Riese auf tönernen Füßen. Es bestand aus dem anatolischen Kernland mit einer Fläche von 757.000 km² und etwa 13 Millionen Einwohnern sowie dem eigentlichen Imperium, dessen Fläche und Bevölkerung die von Anatolien um das Zehnfache übertraf. Dieses gigantische Territorium auf dem asiatischen und afrikanischen Kontinent war mit der veralteten türkischen Bürokratie kaum kontrollierbar. Es wurde von Dutzenden islamischer und christlicher Völker bewohnt und war besonders im Nahen Osten stark von britischen und französischen Einflüssen mitgeprägt. Sogar der kleinasiatische Teil des Reichs befand sich in einem historischen Paradigmenwechsel zwischen islamisch-feudaler Tradition und Modernisierungsstau. Die Jungtürkische Revolution von 1908, getragen von Teilen der Offizierskaste, der Beamtenschaft und einer dünnen geistigen Elite, vermochte nicht, die inneren Probleme zu lösen, führte jedoch außenpolitisch zu einer Stärkung des deutschen Einflusses – vor allem auf die Armee. Auch der osmanische Kriegsplan wurde von deutschen Experten erarbeitet. Das Geheimabkommen mit dem Reich vom 2. August 1914 war für Istanbul trotz der vordergründig erklärten „bewaffneten Neutralität" verpflichtend.

Obwohl die Kampfhandlungen – die Bombardierung russischer Hafenstädte – von türkischer Seite eingeleitet wurden, erklärte Russland der Türkei formal am 2. November 1914 den Krieg und verfolgte damit eindeutig expansionistische Zielsetzungen. Zar Nikolaus II. gab sich optimistisch, was die Aussichten betraf. In einem Gespräch mit dem französischen Gesandten Maurice Paléologue, dem er feinste türkische Zigarren anbot, ein Geschenk des inzwischen zum Erzfeind gewordenen Sultans Mehmed V., spekulierte er darüber, ob nach dem Sieg die Hauptstadt der aus Europa zu verdrängenden Türkei Ankara oder lieber Konya sein sollte. In Wirklichkeit rannten die beiden Großmächte gleichermaßen in ihr Verderben und rissen dabei ganze Völker mit, unter ihnen eine Million Armenier, deren vom Innenminister Talât Pascha verordnete Massendeportation zum Völkermord wurde. Dieses Kriegsverbrechen belastet bis heute die internationale Wahrnehmung der Türkei und wirkte sich auch auf die Atmosphäre der auf den Waffenstillstand von Moudros 1918 folgende Friedensregelungen aus.

Der Abschluss des Friedensvertrags zwischen den alliierten und assoziierten Mächten und der Regierung des Osmanischen Reichs fand am 10. August 1920 in der Porzellanmanufaktur von Sèvres statt. Die Zeremonie dauerte nur kurz. Die Presse widmete der Ankunft, Unterbringung und Bewegungsfreiheit der Delegierten keine besondere Aufmerksamkeit. Die Bedingungen folgten wieder dem Versailler Modell.

Auffällig war die schonungsvolle Behandlung der Reparationsfrage: Die Entente forderte lediglich die Rückzahlung der Vor-
kriegskredite des Osmanischen Reichs und stellte sogar Wirt-
schaftshilfen für das besiegte Land in Aussicht. Dafür waren
die territorialen Forderungen geradezu überwältigend: Die
außeranatolischen Provinzen waren bereits früher – ähnlich
wie die deutschen Kolonien – als Mandatsgebiete zwischen
den Siegermächten Großbritannien und Frankreich aufgeteilt
worden. Italien behielt die Kontrolle über große Teile von Klein-
asien und erhielt auch einige Inseln im Ägäischen Meer. Der
europäische Zipfel des Landes fiel – außer Istanbul und Um-
land – ebenso wie die Stadt Smyrna mit ihrer zu 80 % griechischen Bevölkerung Griechenland zu. Dies geschah entgegen
der Vereinbarung des Londoner Abkommens von 1915, in der
die Region Italien versprochen worden war.

In der östlichen Region des türkischen Festlands waren
ein unabhängiges Kurdistan und ein unabhängiges Armenien vorgesehen. Selbstverständlich sollten die Meerengen
unter internationale Kontrolle gestellt werden. Alles in allem
hätte die Unterzeichnung dieses Vertrags eine Zerstückelung
der Rest-Türkei bestätigt, die in dieser extremen Form weder
Deutschland noch Ungarn erfahren hatte. Allerdings hatten
die Alliierten hier die Rechnung ohne den Wirt gemacht. Die
Regierung des Großwesirs Ferid Pascha kontrollierte zu dieser
Zeit lediglich Istanbul, und dies auch mit Hilfe der Alliierten,
deren Truppen eine Zeit lang selbst die Stadt besetzt hatten.
Als Unterhändler waren die Delegierten in der Porzellanmanufaktur nur Marionetten der Siegermächte. Der wirkliche Einfluss und immer mehr auch die Macht gehörte General Mustafa Kemal Pascha, einem Mann, der begriffen hatte, dass der
Widerstand gegen die Entente nicht ganz chancenlos war. Um
seine Ziele zu erreichen, mussten er und seine Anhänger nur
zwei Gegner bekämpfen: die griechische Soldateska und die
eigene Regierung.

Das Königreich Griechenland hatte es nicht allzu eilig, in
den Weltenbrand einzusteigen. Erst Ende Juni 1917 erklärte es

Beschlüsse des Vertrags von Sèv...

Bulgarien

Schwarzes Meer

Edirne

Istanbul

Marmara-
meer

Internationale
Zone

Çanakkale

Bursa

Uludağ

Griechenland

ANKARA

Osmanische

Tuz
Gölü

Izmir

Konya

Italienische
Zone

Frar

ital.

Mittelmeer

brit.

0   100   200 km

1920
Osmanisches Reich 1914
Armenien ohne Gebiete, die von Georgien oder Aserbaidschan beansprucht werden
Kurdisches Abstimmungsgebiet
heutige Türkei
Georgien
Trabzon
Armenien
Erzurum
Ararat
Iran
Kızılırmak
Euphrat
Reich
Van See
Van
Nemrut Dağı
Diyarbakır
che
Tigris
Britisches Mandatsgebiet
Französisches Mandatsgebiet

Wikimedia Commons / Don-kun

Das Osmanische Reich nach dem Vertrag von Sèvres.

dem Deutschen Reich, der Doppelmonarchie, Bulgarien und der Türkei den Krieg. Für diesen Verdienst wurde es von der Entente großzügig beschenkt. Im Frieden von Neuilly erhielt es von Bulgarien Ostthrakien, nach der Konferenz in Sèvres vom Osmanischen Reich Westthrakien und die Region Smyrna. Immerhin wartete Griechenland nicht einmal die Ratifizierung dieser Verträge ab, sondern besetzte die zugesprochenen Gebiete in völkerrechtlich nicht ganz fairer Weise. Besonders der Kampf gegen die Türken stand in der großen Tradition des Freiheitskrieges 1821–25 gegen die osmanische Unterdrückung, als Hellas die Bewunderung der Welt genoss. Der neugriechische Traum, die „große Idee" des Ministerpräsidenten Eleftherios Venizelos, schoss ausdrücklich über das Ziel hinaus: Er optierte auf fünf maritime Zugänge vom Schwarzen Meer bis zum Mittelmeer sowie auf die Rückeroberung von Konstantinopel, seit 1453 Istanbul, das nun von der griechischen Grenze einen Katzensprung weit entfernt war – ein Revival von Byzanz mit erhoffter britischer Hilfe.

Zur gleichen Zeit lehnte sich Mustafa Kemal Pascha gegen die eigene Obrigkeit auf. Er rief telegrafisch alle patriotischen Verbände in Ankara zusammen und gründete die Große Nationalversammlung. Diese lehnte die Entente-feindliche Regierung strikt ab, was dazu führte, dass Sultan Mehmed VI. den Renegaten Kemal zum Tode verurteilte – ein Urteil, das er persönlich unterzeichnete. Auch der Obermufti Istanbuls rief ein Fatwa auf den Rebellen aus und erklärte ihn für vogelfrei. Kemal blieb unbeeindruckt und deklarierte über Ankaras Mufti ein Gegenfatwa. Was wichtiger war: Er organisierte seine Armee und bereitete sie auf den Zusammenstoß mit dem Gegner vor. Um sich diplomatisch abzusichern, schloss er mit dem damals noch geächteten Sowjetrussland einen Freundschaftsvertrag, der diskrete sowjetische Waffenlieferungen ermöglichte.

Der türkisch-griechische Krieg, dieses blutige und grausame Nachspiel des Ersten Weltkriegs, verlief zunächst zugunsten der Angreifer – die griechischen Truppen rückten gegen Ankara vor, doch wurden sie Ende September 1921 in der Schlacht am Sakarya gestoppt. Es folgte ein langer Stehkrieg, der vor allem die Griechen wegen der langen Nachschubwege und der schwachen Versorgung erschöpfte. Kemals Truppen sammelten noch ihre Kräfte, starteten die große Offensive erst Ende August 1922 und erreichten nach mehreren erfolgreichen Schlachten am 9. September 1922 Smyrna (Izmir). Nachdem sie die Stadt eingenommen hatten, kam es zu einem Massaker, das 40.000 mehrheitlich griechische und armenische Opfer forderte. Das historische Viertel brannte tagelang. Gekrönt wurde dieses Verbrechen durch einen von beiden Seiten erzwungenen „Bevölkerungsaustausch": Mehr als eine Million christliche Griechen mussten ihre Heimstätte in der Türkei verlassen. 400.000 muslimische Türken wurden aus Hellas vertrieben – alle ohne Hab und Gut. Nach Smyrnas „Befreiung" stand der Weg nach Istanbul offen: Mehmed VI. flüchtete auf einem britischen Panzerschiff nach Malta, das Sultanat wurde aufgelöst.

Schrecklich, aber bezeichnend für die Machtverhältnisse war die Tatsache, dass es der türkischen Republik ausgerechnet auf diesem barbarischen Weg gelang, sich bei den Siegermächten Gehör zu verschaffen. Eine Serie von Katastrophen bahnte den Weg zu dem einzigen Friedensvertrag nach 1918, der diesen Namen verdiente und zu dessen Vorbereitung auch die Vertreter des Verliererlandes eingeladen wurden. Die Verhandlungen fanden auf Vorschlag des norwegischen Polarforschers und Friedensnobelpreisträgers Fridtjof Nansen statt und führten zum Vertragsabschluss am 23. Juli 1923 in Lausanne. Die Türkei bekam Smyrna (Izmir), Ost- und Südostanatolien zurück und musste lediglich Westthrakien an Griechenland und Dodekanes an Italien abgeben. Großbritannien behielt die griechisch-türkisch bewohnte Insel Zypern – eine Zeitbombe, die erst 1974 im griechisch-türkischen Krieg explodierte und die Inselrepublik in zwei Ministaaten aufspaltete. Im Grunde aber wurde durch den Frieden von Lausanne der Status quo vom 30. Oktober 1918 wiederhergestellt.

Literatur (Auswahl)

Eckart Conze: *Die große Illusion. Versailles 1919 und die Neuordnung der Welt.* Siedler, 2008

Peter Krüger: *Deutschland und die Reparationen 1918/19.* Deutsche Verlags-Anstalt, 1973

Jörn Leonhard: *Der überforderte Frieden. Versailles und die Welt, 1918–1923.* C. H. Beck, 2018

Manfred P. Emmes: *Die Nachgeschichte des Ersten Weltkrieges.* LIT, 2019

Marcus M. Payk: *Frieden durch Recht? Der Aufstieg des modernen Völkerrechts und der Friedensschluss nach dem Ersten Weltkrieg (= Studien zur internationalen Geschichte).* De Gruyter Oldenbourg, Berlin/Boston, 2018

Romsics Ignác: *A trianoni békeszerződés (Der Friedensvertrag von Trianon),* Budapest 2007

Siklós András: *A Habsburg Birodalom felbomlása (Auflösung des Habsburgerreichs).* Budapest, 1987

M. Ohrhan Bayrak: *Eine Kurzgeschichte der Türkei und Atatürk.* Istanbul, o. J.

Franceso Nitti: *Europa am Abgrund.* 1923

Erhard Klöss (Hrsg.): *Von Versailles zum Zweiten Weltkrieg.* dtv dokumente,1965

István Bibó: *Die deutsche Hysterie – Ursachen und Geschichte.* Insel, 1991

Ottokar Czernin: *Im Weltkriege.* Ullstein, 1919

György Dalos: *Der letzte Zar. Untergang des Hauses Romanow.* C. H. Beck, 2017